建筑工程施工现场专业人员培训教材

劳 务 员

徐学军 主编

孙其珩 朱跃斌 副主编

中国环境出版社・北京

图书在版编目（CIP）数据

劳务员/徐学军主编. —北京：中国环境出版社，2011.4（2015.3 重印）
建筑工程施工现场专业人员培训教材
ISBN 978-7-5111-0543-1

Ⅰ. ①劳… Ⅱ. ①徐… Ⅲ. ①建筑工业—劳务—管理—技术培训—教材 Ⅳ. ①F407.94

中国版本图书馆 CIP 数据核字（2011）第 050921 号

出 版 人 王新程
责任编辑 张于嫣
责任校对 扣志红
封面设计 中通世奥

出版发行 中国环境出版社
（100062 北京市东城区广渠门内大街 16 号）
网 址：http://www.cesp.com.cn
电子邮箱：bjgl@cesp.com.cn
联系电话：010-67112765（编辑管理部）
出版电话：010-67112739（建筑图书出版中心）
发行热线：010-67125803，010-67113405（传真）
印 刷 北京市联华印刷厂
经 销 各地新华书店
版 次 2011 年 4 月第 1 版
印 次 2015 年 3 月第 2 次印刷
开 本 787×1092 1/16
印 张 10
字 数 220 千字
定 价 25.00 元

编　委　会

主编的话

行业兴旺，人才为本；人才培养，教育为本。这套丛书根据《建筑工程施工现场专业人员职业标准》，以加强建筑工程施工现场专业人员队伍建设为目的，指导专业人员教育培训，提高专业人员职业素质、专业知识和专业技能，促进和完善施工组织管理，确保建筑工程施工质量和生产安全。

本丛书特色鲜明，注重建筑工程专业技能、专业知识的讲解；注重理论与实际的结合。丛书以现行国家工程建设有关技术规范和标准为依据，结合工程应用的实际，将规范、标准要求具体化、系统化，使理论与实践有机地融为一体。丛书强调解决建筑工程的实际问题，内容深入浅出、图文并茂、通俗易懂，适用性强。相信并希望本丛书对促进建筑行业人才培养，促进行业健康发展起到积极的作用。

徐学军

2010 年 12 月

前　言

改革开放以来，随着我国建筑业的迅速发展，建设规模日益扩大，建筑施工队伍不断增加，对建筑工程施工现场各专业人员的要求越来越高。为此，住房和城乡建设部经过广泛深入的调查研究，分析和总结了我国建筑业 20 世纪 90 年代实施的岗位培训工作及国外建设行业职业标准编制的经验，并结合当前我国建筑施工现场专业人员人才开发的实践经验，在广泛征求意见的基础上，制定了《建筑工程施工现场专业人员职业标准》（以下简称《新标准》）。《新标准》中规定了建筑施工现场专业人员工作职责、专业技能、专业知识，以及组织职业能力评价的基本要求，以加强建筑工程施工现场专业人员队伍建设，规范专业人员的职业能力评价，指导专业人员的使用与教育培训，提高其职业素质、专业知识和专业技能，促进完善施工组织管理，确保施工质量和安全生产。

《新标准》的推出，要求我们必须紧跟形势的变化而变化，为了确保广大建筑施工企业、高等学校、职业院校及培训机构工作的开展，以应对新时期的新要求，积极配合相关单位做好培训工作，本书编委会依据《新标准》推出一套新培训教材。初期编写出 8 本教材——《施工员》、《质量员》、《安全员》、《标准员》、《材料员》、《资料员》、《机械员》、《劳务员》。

在编写过程中，考虑到建筑工程施工现场专业人员的培训目标，本套教材在内容编写方面具有如下特色：注重专业技能、专业知识的讲解；注重理论与实际案例相结合，以现行国家工程建设有关技术规范和标准为依据，结合工程应用的实际，将规范、标准要求具体化、系统化，使理论与实践有机地融为一体，强调解决建筑工程的实际问题，弥补现有建筑工程施工现场专业人员各培训教材唯注重理论的缺陷；编者始终遵循规范化和适用的原则，力求做到深入浅出、图文并茂、通俗易懂；此外每本书后配以练习题，便于学员练习使用。

本套教材编写过程中得到了中国环境科学出版社的大力支持，在此一并致谢！由于编者的经验和水平有限，加之编写时间仓促，书中难免有疏漏和错误之处，恳请各方面的专家和读者批评指正，以便今后修订再版。

编委会

2010 年 12 月

目　录

第一章　概　论

第一节　劳务员的工作职责

一、劳务管理计划

劳务员负责参与制定劳务管理计划；参与组建项目劳务管理机构和制定劳务管理制度。

（一）劳务企业的管理特点

施工总包企业或劳务企业对现场的劳务管理多种形式并存，管理缺位，对施工现场工人管理不到位；施工企业几乎不设置劳务管理人员，日常劳务管理往往合并在其他管理中，管理目标只求安全稳定和解决突发事件；工程项目施工总包企业仍然习惯于与班组长（或包工头）打交道，将劳务管理职责层层往下转移等，劳务管理职责分散。

造成以上现象的主要原因有：一是社会普遍现象。施工企业外雇工人，特别是外来农民工手续简单、报酬便宜、来去方便，认“长”为主，管理起点较低；二是外来劳务人员自我维权意识不强，大多仍然停留在“认”班组长（包工头）的层面上，对应该与公司签订劳动合同以及享受相应的工伤、医疗保障等基本维权诉求尚无清楚和迫切的意识；三是由于施工项目的特点造成工人流动性较强。特别是园林工程，季节性强、施工的制约因素多。造成抢工的施工阶段，以班组（包工头承包形式）为单位的工人进出频繁，难以进行稳定有效的管理。

随着工人维权意识和劳务管理要求的不断提高，必须加强对施工现场工人的管理。具体主要要抓以下几方面的工作：

一是具体落实劳务用工管理，适度地提高企业管理要求。在现有阶段，施工企业设立劳务管理岗位，将劳务管理职责固定到人，形成劳务管理明晰化、纠纷问题有人管的格局。

二是引导建筑业工人自我维权，逐步增强他们自我管理的意识。建筑业农民工是施工企业的主体，也是建筑工程的创作者，增强他们的自我维权、自我管理意识，不仅可以保障工人的权益，而且还能从根本上提高施工企业的劳务管理能力。

三是引导社会加大对建筑业农民工的关注，全面构建农民工管理和服务体系。要通过对农民工进行全方位的关怀，解决他们的居住、教育、医疗等现实问题，使他们留得住、干得好、少顾虑。

（二）劳务管理中存在的问题及解决措施

1. 劳务管理中存在的问题及原因分析

由于认识、措施和落实上的差异，在劳务管理上还存在劳动效率低下、效益流失、质量安全隐患、工期拖延等不足。

存在这些不足的主要原因，一是对劳务管理的特殊性认识不足，造成管理行为不到位。进行劳务管理时，往往只重视事前要求和事后验收两个环节，而对中间的计划、组织、指挥、协调、监督、控制等抓得不细不实。少数管理人员认为，我们严格按劳务合约办事，谁出的问题谁负责。但是，如果工程项目干得不好，毁的是施工企业自己的品牌和信誉。二是劳务管理办法需要进一步完善。工程项目管理中的“四控制”（进度控制、质量控制、成本控制、安全控制）、“两管理”（合同管理和信息管理）、“一协调”（组织协调）的功能以及针对这些功能结合本企业实际特点制定的各种管理办法，对于搞好项目管理至关重要。但个别项目在劳务管理中，有的透明度不够，责、权、利不清，管理行为混乱，缺乏约束力；有的互相扯皮，指挥不灵，出了问题后“一喊”、“二推”、“三扯”、“四赖”、“五甩”，糊涂账糊涂算，最终由企业来承担损失。三是基础管理不到位或者力度不够。

2. 加强劳务管理的措施

（1）牢固树立、切实加强劳务管理的意识。只有认识到位了，才能在行动上落实。要在思想上牢固树立完全控制与掌握施工过程的意识，培养全员的管理意识，营造“以我为主”的施工管理主题，才能有效地在施工中实现各种管理。

（2）用责任管理制度保证对劳务的管理实现预期目标。首先，要确立目标责任，严格责任考核。项目部必须对其所辖需由劳务实施的工程进行认真调查、分析、评估后，确定具体的质量、安全、工期、效益责任目标，进行考评，约束其在管理过程中的不规范行为。其次，要成立管理班子，健全对劳务队伍全过程监管的规章和制度。对其进行全过程的成本、标准、计划、质量和安全等管理，这也是避免和解决问题的唯一办法。

（3）夯实基础工作，确保管理效果。

1）要把好劳务队伍的进场关。第一，应做好论证与评估所需的劳务的能力及规模等。第二，根据需要对所有劳务进行筛选。对市场上的劳务根据专业、施工能力等进行有针对性的筛选，保证其履约能力能够满足工程之需。第三，要签订周密、完善的劳务用工合约。

2）要加强进场后的管理控制。要坚定“以我为主，以工程施工为主”的信念。第一，要指定专人进行现场控制，随时掌握技术、质量、安全、进度情况，及时通过经济杠杆进行调节、纠正。第二，要切实履行合约中作为甲方的责任与义务。坚决避免由乙方给劳务造成窝工等损失。第三，要果断决策。对不能满足合约要求的劳务坚决令其退场，将损失减小到最低程度。

3）对资金拨付要及时，手续要严密、完备。建立完善的互相监督的签字手续等。

4）要完善决算管理。对劳务进行决算时，由所有参与管理者进行会审，形成决算意见，坚决、严密地维护企业利益。

二、务工人员的管理制度

1. 务工人员的招工制度

（1）劳务的用工主体为项目子公司。劳务公司对接项目子公司，进行劳务分包，劳务公司才能作为用工主体自行招用务工人员及进行劳务作业分包。

（2）务工人员的招用，必须由劳务公司依法与务工人员签订劳动合同。劳动合同必须明确规定工资支付标准、支付形式和支付时间等内容。

（3）务工人员劳动合同的签订，被录用之日起 15 天内与劳动者签订书面劳动合同，劳动合同签订后，务工人员应提供有效的身份证、专业资格证、学历证、暂住证等复印件（签订合同时必须提供原件备查），到公司统一备案。

（4）招收范围：熟练的技术操作工，有中、高级技能职称的操作工优先录用，特殊工种人员必须具备行业执业资格证书。

（5）劳务分包：必须发包给具有建筑劳务承包资质的企业，不得发包给无资质的组织和个人（包工头）。

2. 施工现场务工人员管理制度

为了加强施工现场的管理，保障建设工程顺利进行，促进安全、文明施工，制定本制度。

（1）项目经理是施工现场务工人员管理的直接责任人。专业、劳务分包的务工人员由雇佣单位负责管理，但必须遵守总包单位的各项规章制度。

（2）项目部根据施工现场的人数配置专（兼）职劳务管理员，负责施工现场务工人员登记，建立动态管理台账，督促检查施工现场务工人员劳动合同签订落实，负责施工现场考勤表、工资发放表、劳动合同等资料收集整理。

（3）施工现场务工人员必须依法签订劳动合同，必须经过安全培训后方可上岗，新招的务工人员上岗前必须经过安全教育。

（4）务工人员应积极参加项目部组织的民工学习，接受项目部有关质量、安全、文明施工、法制及治安管理等方面的教育培训。

（5）务工人员自觉遵守安全生产、文明施工的管理规定及制定的门卫、宿舍、食堂等制度，严禁赌博、寻衅闹事、打架斗殴，恶意讨要工资的行为。造成恶劣影响的人员酌情予以处理。

（6）施工现场建立管理网络，逐级落实责任制，做到人员底数清，流动进出清。

3. 务工人员考勤制度

为了规范施工现场的管理，加强务工人员的劳动纪律，制定本制度。

（1）考勤是发放工资的依据之一，必须指定专人负责。

（2）各作业班组务工人员的考勤，由经济责任人指定或委托班组长负责，务工人员互相监督核对，经责任人审查确认后，原件在规定日期前交项目部财务入账，复制一份交劳务管理员留存供相关部门备查。

（3）劳务分包项目考勤表由劳务公司负责填报，在规定日期前必须报总包企业项目部劳务管理员汇总备查。

（4）务工人员必须严格遵守项目部的劳动纪律，工作时间不迟到、早退，不得无故缺勤。请病假、事假须办理请假手续，未经同意擅自休假按旷工处理，连续旷工超过规定的天数的视为自行解除劳动合同处理。

（5）施工现场的务工人员必须按入场的时间、真实姓名按实考勤，不得弄虚作假，故意伪造考勤表，虚报多报人数冒领工资款，经查实严厉处罚。

4．劳动纠纷处理制度

（1）加强施工现场的务工人员的规范管理，尽可能减少和杜绝劳动纠纷。深入了解务工人员的思想动态，及早发现纠纷的苗头和不稳定因素，把劳动纠纷消除在萌芽状态。

（2）做好劳动纠纷预防工作，建立完善务工人员的管理台账，即施工现场务工人员考勤表、工资发放表、务工人员情况登记表。

（3）在施工现场醒目位置张挂劳动纠纷投诉电话，告知接待人姓名，确保投诉举报渠道畅通。

（4）对投诉内容受理人员应做好记录，及时查明情况，迅速作出处理，防止事态扩大。

（5）接到行业管理或相关部门投诉信息后，受理人应及时与当事人取得联系，查清劳动纠纷原因，做好协调处理工作，处理结果如实地反馈相关单位。

（6）充分发挥企业的调解会作用，尽可能把劳动纠纷做到内部消化解决，努力构建和谐社会氛围。

（7）尽力遏制无理取闹，恶意讨要工资行为，坚决打击黑社会势力的敲诈行为。

（8）对随意拖欠或克扣务工人员工资，对公司声誉造成不良影响的人员，公司将通报批评并作出相应的处罚。

5．务工人员工资发放制度

为了维护企业和劳动者的权益，保障务工人员的工资发放，保持社会的稳定，制定本制度。

（1）为了确保务工人员工资的顺利发放，建立职工工资支付保证制度，按工程合同的规定比例存入工资保证支付账户。

（2）务工人员的工资发放，要根据出勤及完成工作量的情况，由作业班组负责编制工资发放表并报项目部审核。按月支付务工人员的工资，且工资月支付数额不得低于当地企业最低工资标准。

（3）工资发放前三天在施工现场公示工资发放表，经双方确认无异议后，将工资发放给每个务工人员。务工人员须持有效证件签名领取，不得代领工资。经务工人员签名的工资表，除财务入账外，复制一份备查，并保存2年。

（4）务工人员凭身份证、劳动合同、录用胸卡领取工资。未签订劳动合同和未持有效证件的人员，工资不予发放。

（5）实施劳务作业分包的，由劳务分包企业专（兼）职劳动管理员负责务工人员的考勤和工资发放表的编制，工资发放表和完成的工作量报公司项目部审核并存档。经核实后支付约定劳务分包工程款，并督促劳务分包单位及时并按规定要求发放务工人员的工资。

三、劳动合同管理

（1）负责或监督劳动合同的签订、变更、解除、终止等工作。

根据《合同法》及《建筑法》的有关规定，建设工程的发包方可以将建筑工程的勘察、设计、施工、设备采购一并发包给一个工程总承包方，也可以将建筑工程勘察、设计、施工、设备采购的一项或者多项发包给一个工程总承包方。总承包人或者勘察、设计、施工承包人经发包人同意，可以将自己承包的部分工作交由第三人完成。第三人就其完成的工作成果与总承包人或者勘察、设计、施工承包人向发包人承担连带责任。但分包方将其承包的工程再分包为法律所禁止。实践中，总承包人或者分包人往往将承包的工程劳务作业部分分包给其他单位来完成。应从以下几个方面来加以区别认定分包方是违法的二次分包还是合法的劳务作业分包：

1）发包的主体不同。专业分包的发包方是建设工程发包人或者工程总承包人，分包人不能再次作为发包方进行二次分包。而劳务作业的发包方既可以是总承包人，也可以是分包人。

2）是否须经工程发包人认可不同。《建筑法》第 29 条对此有明确规定，建筑工程总承包单位可以将承包工程中的部分工程发包给具有相应资质条件的分包单位，但是除总承包合同中约定的分包外，必须经建设单位认可。也就是说分包必须经发包方认可，或者在合同中有明确约定。而对劳务作业分包法律法规并没有规定须经发包方认可。

根据建设部《建筑业企业资质管理规定》第 5 条第 2 款、第 3 款规定：“获得施工总承包资质的企业，可以对工程实行施工总承包或者对主体工程实行施工承包。承担施工总承包的企业可以对所承接的工程全部自行施工，也可以将非主体工程或者劳务作业分包给具有相应专业承包资质或者劳务分包资质的其他建筑业企业”，“获得专业承包资质的企业，可以承接施工总承包企业分包的专业工程或者建设单位按照规定发包的专业工程。专业承包企业可以对所承接的工程全部自行施工，也可以将劳务作业分包给具有相应劳务分包资质的劳务分包企业。”可见，劳务作业分包并不以发包方的认可或合同的明确约定为条件。

（2）负责或监督劳务人员进出场及用工管理。

（3）参与劳务费的结算。

（4）负责或监督劳务人员工资支付、公示及工资台账的建立。

四、劳务纠纷处理

（1）协助编制、实施劳务纠纷应急预案。

（2）协助调解、处理劳务纠纷。

五、劳务资料管理

（1）负责编制劳务队伍和劳务人员管理资料。

（2）负责汇总、整理、移交劳务管理资料。

第二节　劳务员的专业技能要求

一、劳务管理计划

劳务员应能够编制劳务需求及培训计划。

二、资格审查培训

（1）劳务员应能够验证劳务队伍资质。
（2）劳务员应能够审验劳务人员身份、职业资格。
（3）劳务员应能够对劳务队伍进行综合评价。

三、劳务纠纷处理

（1）劳务员应能够编制劳务人员工资纠纷应急预案，并组织实施。
（2）劳务员应能够处理劳资纠纷。

四、劳务资料管理

劳务员应能够编制、收集、整理劳务管理资料。

第三节　劳务员的专业知识要求

一、劳务员应具备的通用知识

（1）熟悉国家建筑工程相关法律法规。
（2）了解工程材料的基本知识。
（3）了解施工图绘制、识图的基本知识。
（4）了解建筑工程的施工工艺和方法。
（5）熟悉工程项目管理的基本知识。

二、劳务员应具备的基础知识

（1）了解流动人口管理的相关规定。
（2）掌握信访工作的基本知识。
（3）了解人力资源开发及管理的基础知识。
（4）熟悉财务管理的基础知识。

三、劳务员应具备的岗位知识

（1）熟悉与本岗位相关的标准和管理规定。

（2）熟悉劳务需求的统计计算方法。

（3）掌握建筑劳务分包管理、劳动合同、工资支付和权益保护的基本知识。

（4）熟悉劳务纠纷常见形式、调解程序和方法。

第二章　建筑工程识图与施工管理

第一节　建筑工程识图

一、建筑施工图的内容及识别方法

施工图描绘房屋建造的规模、外部造型、内部布置、细部构造的图纸，是施工放线、砌筑、安装门窗、室内外装修和编制施工预算及施工组织设计的主要依据。主要内容有设计说明、总平面图、建筑平面图、建筑立面图、建筑剖面图以及建筑详图等。

（一）设计说明

设计说明一般放在一套施工图的首页。主要是对建筑施工图上不易详细表达的内容，如设计依据、工程概况、构造做法、用料选择等，用文字加以说明。此外，还包括防火专篇、节能专篇等一些有关部门要求明确说明的内容。

（二）总平面图的内容及识图方法

将拟建工程四周一定范围内的新建、拟建、原有和拆除的建筑物、构筑物连同其周围的地形地物状况，用水平投影方法和相应的图例所画出的图样，即称为总平面图。

1．图名、比例及有关文字说明

总平面图通常选用的比例为 1∶500、1∶1 000、1∶2 000 等，尺寸（如标高、距离、坐标等）以米（m）为单位，并至少应取至小数点后两位，不足时以“0”补齐。

2．新建工程的性质和总体布局

主要了解建筑出入口的位置、各种建筑物及构筑物的位置、道路和绿化的布置等。由于总平面图的比例较小，各种有关物体均不能按照投影关系如实反映出来，只能用图例的形式进行绘制。要读懂总平面图，必须熟悉总平面图中常用的各种图例。

3．新建房屋的定位尺寸

新建房屋的定位方式基本上有两种。一种是以周围其他建筑物或构筑物为参照物，实际绘图时，标明新建房屋与其相邻的原有建筑物或道路中心线的相对位置尺寸；另一种是以坐标表示新建筑物或构筑物的位置。当新建筑区域所在地形较为复杂时，为了保证施工放线的准确，常用坐标定位。

4．新建房屋底层室内地面和室外地面的标高

总图中的标高均为绝对标高，如标注相对标高，则应注明相对标高与绝对标高的换算关系。

5．工程的朝向及其他相关图示说明

看总平面图中的指北针，明确建筑物及构筑物的朝向，有时还要画上风向频率玫瑰图，来表示该地区的常年风向频率。

平面图的阅读示例，图 2-1 所示的是某单位培训楼的总平面图，绘图比例 1∶500，图中用粗实线表示的轮廓是新设计建造的培训楼，右上角 7 个黑点表示该建筑为 7 层。该建筑的总长度和宽度分别为 31.90m 和 15.45m。右下角指北针显示该建筑物坐北朝南的方位。室外地坪▼10.40，室内地坪 10.70 均为绝对标高，室内外高差 300mm。该建筑物南面是新建道路园林巷，西面为绿化用地，北面是篮球场，西北有两栋单层实验室，东北有 4 层办公楼和 5 层教学楼，东面是将来要建的 4 层服务楼。培训楼南面距离道路边线 9.60m，东面距离原教学楼 8.40m。

（三）建筑平面图

建筑平面图是把房屋用一个假想的水平剖切平面，沿门、窗洞口部位（指窗台以上，过梁以下的空间）水平切开，移出剖切平面以上的部分，把剖切平面以下的物体投影到水平面上，所得的水平剖面图，即为建筑平面图，简称平面图。建筑平面图表示房屋的平面形状，内部布置及朝向，是施工放线、砌墙、安装门窗、室内装修及编制预算的重要依据。原则上讲，房屋有几层，就应画出几个平面图，如底层平面图，二层平面图，……顶层平面图。多层建筑存在许多平面布局相同的楼层，可用一个平面图来表达，称为“标准层平面图”或“×～×层平面图”。底层平面图（一层平面图或首层平面图）是指±0.000 地坪所在的楼层的平面图。它除表示该层的内部形状外，还画有室外的台阶（坡道）、花池、散水和雨水管的形状及位置以及剖面的剖切符号，以便与剖面图对照查阅。底层平面图上应注指北针，其他层平面图上可以不再标出。

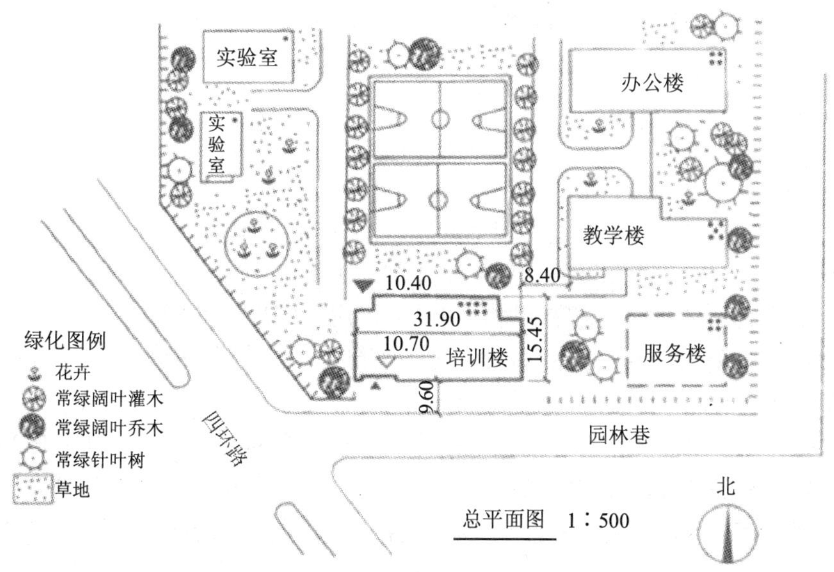

图 2-1　某单位培训楼总平面图

（1）中间标准层平面图：中间标准层平面图除表示本层室内形状外，还需要画出本层室外的雨篷、阳台等。

（2）顶层平面图：顶层平面图也可用相应的楼层数命名，其图示内容与中间层平面图的内容基本相同。

（3）屋顶平面图：屋顶平面图是指将房屋的顶部单独向下所做的俯视图，主要是用来表达屋顶形式、排水方式及其他设施的图样。

1．建筑平面图的主要内容

（1）建筑物平面的形状及总长、总宽等尺寸。

（2）建筑物内部各房间的名称、尺寸、大小、承重墙和柱的定位轴线、墙的厚度、门窗的宽度等，以及走廊、楼梯（电梯）、出入口的位置。

（3）各层地面的标高。一层地面标高定为±0.000，并注明室外地坪的绝对标高，其余各层均标注相对标高。

（4）门、窗的编号、位置、数量及尺寸，一般图纸上还有门窗数量表用以配合说明。

（5）室内的装修做法，如地面、墙面及顶棚等处的材料做法。较简单的装修，一般在平面图内直接用文字注明；较复杂的工程应另列房间明细表及材料做法表。

（6）标注尺寸。在平面图中，一般标注三道外部尺寸。最外面一道尺寸为建筑物的总长和总宽，表示外轮廓的总尺寸，又称外包尺寸；中间一道为房间的开间及进深尺寸，表示轴线间的距离，称为轴线尺寸；里面一道尺寸为门窗洞口、墙厚等尺寸，表示各细部的位置及大小，称为细部尺寸。在平面图内还须注明局部的内部尺寸，如内门、内窗、内墙厚及内部设备等尺寸。此外，底层平面图中，还应标注室外台阶、花池、散水等局部尺寸。

（7）其他细部的配置和位置情况，如楼梯、搁板、各种卫生设备等。

（8）室外台阶、花池、散水和雨水管的大小与位置。

（9）在底层平面图上画指北针符号，另外，还要画上剖面图的剖切位置符号和编号，以便与剖面图对照查阅。

2．建筑平面图的阅读方法

阅读平面图首先必须熟记建筑图例。现以某别墅的首层平面图（图 2-2）为例，说明平面图的内容及其阅读方法。

（1）看图名、比例。本例绘制的是首层平面图，比例是 1∶100。

（2）看剖面的剖切符号及指北针。在底层平面图中了解剖切部位和建筑物朝向。

（3）从平面图的形状与总长、总宽尺寸，可计算出房屋的用地面积。

（4）从图中墙的分隔情况和房间的名称，可了解到房屋内部各房间的配置、用途、数量及其相互间的联系情况。

（5）看楼地面标高。平面图中标注的楼地面标高为相对标高，且是完成面的标高。

（6）从图中定位轴线的编号及其间距，可了解到各承重构件的位置及房间的大小。从各道尺寸的标注，可了解到各房间的开间、进深、外墙与门窗及室内设备的大小和位置。

（7）看门窗的位置、编号和数量。一般情况下，在首页图上或在本平面图内，附有门窗表，列出门窗的编号、名称、尺寸、数量及其所选标准图集的编号等内容。

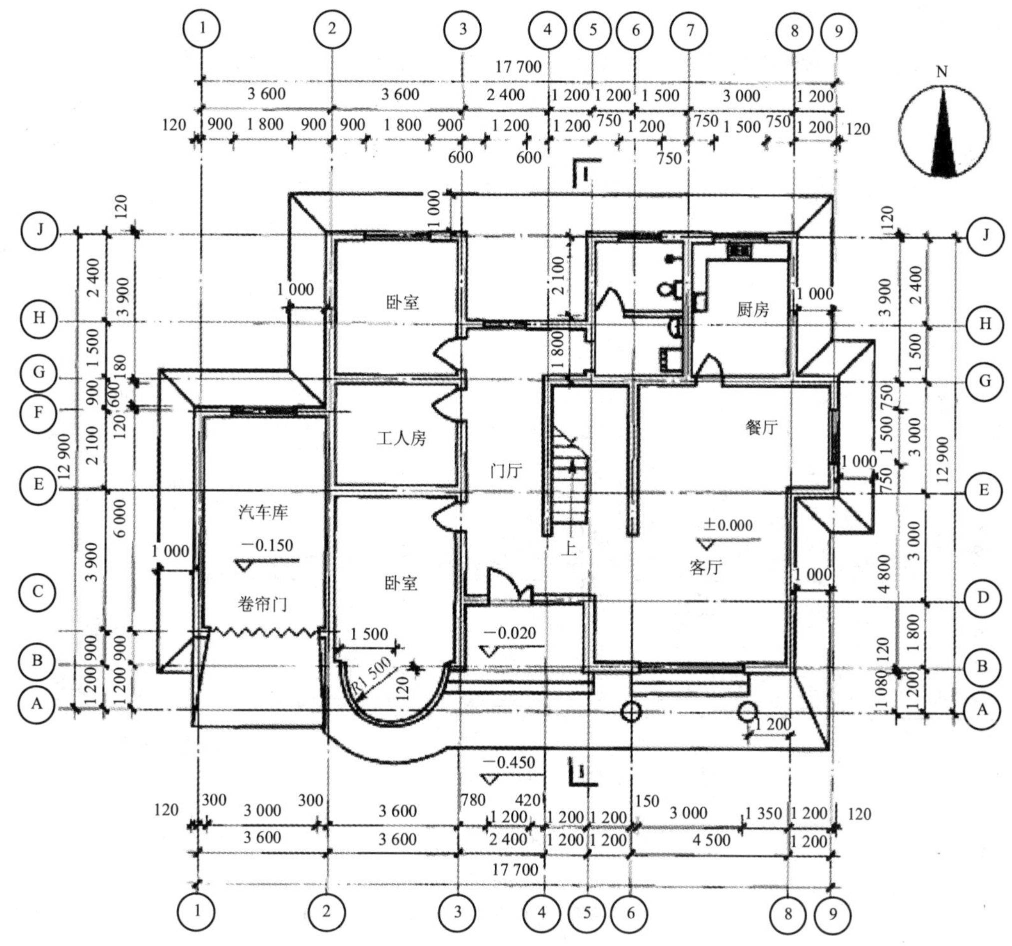

图 2-2　首层平面图 1：100

（四）建筑立面图

建筑立面图是用平行建筑物的某一墙面的平面作为投影面，向其作正投影所得到的投影图主要用于表示建筑物的体形和外貌、立面各部分配件的形状及相互关系、立面装饰要求及构造做法等。

建筑立面图命名有多种方式：按朝向命名，如东立面图、西立面图、南立面图、北立面图等；按轴线编号进行命名，如①～⑨立面图等。

1. 建筑立面图的内容

（1）表明建筑物的立面形式和外貌，外墙面装饰做法和分格。

（2）表示室外台阶、花池、勒脚、窗台、雨篷、阳台、檐沟、屋顶以及雨水管等的位立面形状及材料做法。

（3）反映立面上门窗的布置、外形及开启方向（应用图例表示）。

（4）用标高及竖向尺寸表示建筑物的总高以及各部位的高度。

2．立面图的阅读方法

现以某别墅①～⑨立面图为例（图 2-3），说明立面图的内容和阅读方法。

（1）从图名或轴线的编号可知该图为房屋南向立面图，比例与平面图一致（1∶100），以便对照阅读。

（2）看房屋立面的外形、门窗、檐口、阳台、台阶等形状及位置。

图 2-3 ①～⑨立面图 1∶100

（3）看立面图中的标高尺寸。这主要包括室内外地坪、檐口、屋脊、女儿墙、雨篷、门窗、台阶等处的标高。

（4）看房屋外墙表面装修的做法、分格线以及详图索引标志等。如 21 表示详图的编号，11 表示详图所在图纸的编号等。

（五）建筑剖面图

假想用一个平行于投影面的剖切平面，将房屋剖开，移去观察者与剖切平面之间的房屋部分。作出剩余部分的房屋的正投影，所得图样称为建筑剖面图，简称剖面图。将沿着建筑物短边方向剖切后形成的剖面图称为横剖面图；将沿着建筑物长边方向剖切形成的剖面图称为纵剖面图。一般多采用横向剖面图。建筑剖面图是表示房屋的内部垂直方向的结构形式、分层情况、各层高度、楼面和地面的构造以及各配件在垂直方向上的相互关系等内容的剖面图的剖切部位，应根据图样的用途或设计深度，在平面图上选择能反映全貌、构造特征以及有代表性的部位剖切。一般在楼梯间、门窗洞口、大厅以及阳台等处。

1．建筑剖面图的内容

（1）表示被剖切到的或能见到的房屋各部位，如各楼层地面、内外墙、屋顶、楼梯、阳台、散水、雨篷等。

（2）高度尺寸

1）外部尺寸：门窗洞口（包括洞口上部和窗台）高度、层间高度及总高度（室外地面至檐口或女儿墙顶）。有时，后两部分尺寸可不标注。

2）内部尺寸：地坑深度。隔断、搁板、平台、墙裙及室内门窗的高度。

3）标高尺寸：主要是注出室内外地面、各层楼面、阳台、楼梯平台、檐口、圈梁、屋脊、女儿墙、雨篷、门窗、台阶等处的标高。

（3）表示建筑物主要承重构件的位置及相互关系，如各层的梁、板、柱及墙体的连接关系等。

（4）表示屋顶的形式及泛水坡度等。

（5）索引符号。

2．建筑剖面图的阅读方法

现以 1—1 剖面图为例（图 2-4），说明剖面图的内容及其阅读方法。

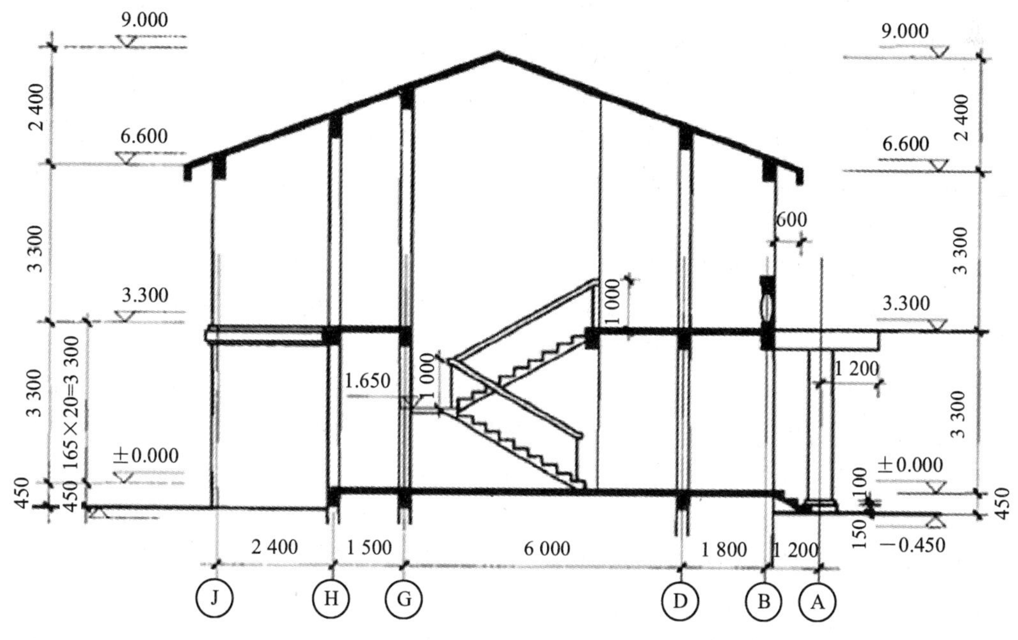

图 2-4　1—1 剖面图 1：100

（1）从图名和轴线编号与平面图上的剖切符号相对照，可知 1—1 剖面图是一个剖切平面通过厨房、客厅，剖切后向左投影所得到的横剖面图。

（2）看房屋内部的构造、结构形式和所用建筑材料等内容，如各层梁板、楼梯、屋面的结构形式、位置及其与墙（柱）的相互关系等。

（3）看房屋各部位竖向尺寸。

（4）看楼地面、屋面的构造。

在剖面图中表示楼地面、屋面的多层构造时，通常用通过各层引出线，按其构造顺序加文字说明来表示。有时将这一内容放在墙身剖面详图中表示。阅读时要和平面图对照同时看，按照由外部到内部、由上到下，反复查阅，最后在头脑中形成房屋的整体形状，有些部位和详图结合起来一起阅读。

（六）建筑详图

建筑详图就是把房屋的细部或构配件的形状、大小、材料和做法等，按正投影的原理，用较大的比例绘制出来的图样（也称为大样图或节点图）。它是建筑平面图、立面图和剖面图的补充，详图比例常用1∶1～1∶50。

某些建筑构造或构件的通用做法，可采用国家或地方制定的标准图集（册）或通用图集（册）中的图纸，一般在图中通过索引符号注明，不必另画详图。

建筑详图包括墙身剖面图和楼梯、阳台、雨篷、台阶、门窗、卫生间、厨房、内外装修等详图。

1．外墙详图

外墙详图主要用来表示外墙各部位的详细构造、材料做法及详细尺寸，如檐口、圈梁、过梁、墙厚、雨篷、阳台、防潮层、室内外地面、散水等。

在多层建筑中，中间各层墙体的构造相同，则只画底层、中间层和顶层的三个部位组合图，有时也可单独绘制各个节点的详图。

（1）墙的轴线编号、墙的厚度及其与轴线的关系。有时一个外墙身详图可适用于几个轴线。按“国标”规定：如一个详图适用于几个轴线时，应同时注明各有关轴线的编号。通用详图的定位轴线应只画圆，不注写轴线编号，轴线端部圆圈直径在详图中宜为10mm。

（2）各层楼板等构件的位置及其与墙身的关系。

（3）门窗洞口、底层窗下墙、窗间墙、檐口、女儿墙等的高度，室内外地坪、防潮层、门窗洞的上下口、檐口、墙顶及各层楼面、屋面的标高。

（4）屋面、楼面、地面等为多层次构造。多层次构造用分层说明的方法标注其构造做法。多层次构造的共用引出线，应通过被引出的各层。文字说明宜用 5 号或 7 号字注写在横线的上方或横线的端部，说明的顺序由上至下，并应与被说明的层次相互一致。如层次为横向排列，则由上至下的说明顺序应与由左至右的层次相互一致。

（5）立面装修和墙身防水、防潮要求及墙体各部位的线脚、窗台、窗楣、檐口、勒脚、散水等的尺寸、材料和做法，或用引出线说明，或用索引符号引出另画详图表示。

外墙详图的识读，首先根据外墙详图剖切平面的编号，在平面图、剖面图或立面图上查找出相应的剖切平面的位置，以了解外墙在建筑物的具体部位；其次看图时，应按照从下到上的顺序，一个节点、一个节点地阅读，了解各部位的详细构造、尺寸、做法，并与材料做法表相对照，检查是否一致。先看位于外墙最底部部分，依次进行。

图 2-5 为别墅屋檐构造详图，从图中可知各细部构造尺寸及屋面做法。

2．楼梯间详图

楼梯详图一般分建筑详图和结构详图，分开绘制并分别编入建筑施工图和结构施工图中。楼梯建筑详图包括楼梯平面图、楼梯剖面图一级栏杆（或栏板）、扶手、踏步等详图。

（1）楼梯平面图。楼梯平面图是距楼地面 1.0m 以上的位置，用一个假想的剖面切平面，沿着水平方向剖开，然后向下做投影得到的投影图。

楼梯平面图一般应分层绘制。如果中间各层的楼梯构造、结构、尺寸均相同时，可以只画底层、中间层和顶层的楼梯平面图。

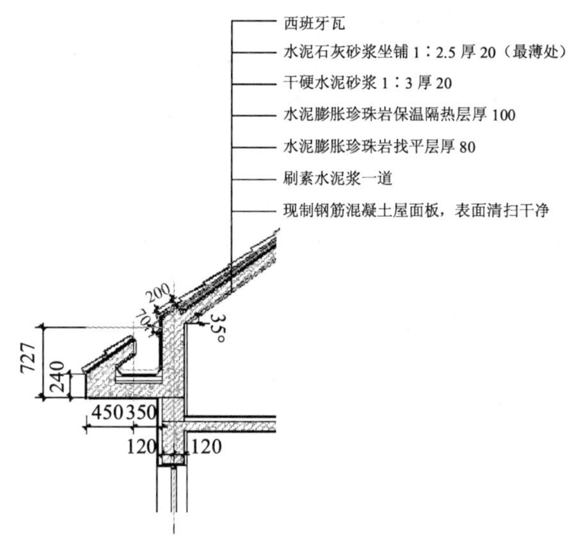

图 2-5　别墅屋檐构造详图

楼梯平面图中，各层被剖切到的梯段，按国标规定，均在平面图中以一根 45°的折断线表示。在每一梯断处画有一长箭头，并注写“上”或“下”字和踏步级数，表明从该层楼（地）面往上或往下走多少步可到达上（或下）一层的楼（地）面。在底层平面图中还应注明楼梯剖面图的剖切位置和投影方向。

（2）楼梯剖面图。楼梯剖面图主要表示楼梯段的长度、踏步级数、楼梯结构形式及所用材料、房屋地面、露面、休息平台、栏杆和墙体的构造做法，以及楼梯各部分的标高和详图索引符号。

阅读楼梯剖面图时，应与楼梯平面图对照起来，要注意剖切平面的位置和投影方向。另外，在多层建筑中，如果中间各层的楼梯构造相同时，则剖面图可以只画出底层、中间层和顶层的剖面，中间用折断线断开。

（3）楼梯踏步、扶手、栏板（栏杆）详图。踏步详图表明踏步截面形状及大小、材料与面层及防滑条做法。栏杆（栏板）和扶手详图表明其形式、大小、材料和连接方式等。

二、结构施工图的内容及识别方法

建筑施工图是在满足建筑物的使用功能、防火等要求的基础上，表明房屋的外形、内部平面布置、细部结构和内部装修等内容。为了建筑物的安全，还应按建筑各方面的要求进行力学与结构计算，决定建筑物中构件（如基础、梁、板、柱等）的布置、形状、尺寸和详细设计的构造要求。并将其结果绘制成图样，用以指导施工。这样的图样成为结构施工图。

（一）结构施工图的组成

结构施工图一般包括：结构设计图纸目录、结构设计总说明、结构平面图和构件详图。

1．结构设计图纸目录和设计总说明

结构设计图纸目录可以使我们了解图纸的总张数和每张图纸的内容，核对图纸的完整性，查找所需要的图纸。结构设计总说明的主要内容包括以下方面：

（1）设计的主要依据（如设计规范、勘察报告等）。

（2）结构安全等级和设计使用年限、混凝土结构所处的环境类别。

（3）建筑抗震设防类别、建设场地抗震设防烈度、场地类别、设计基本地震加速度值、所属的设计地震分组、一级混凝土结构的抗震等级。

（4）基本风压值和地面粗糙度类别。

（5）人防工程抗力等级。

（6）活荷载取值，尤其是规范中没有明确规定或与规范取值不同的活荷载标准值及其作用范围。

（7）设计±0.000 标高所对应的绝对标高值。

（8）所选用结构材料的品种、规格、型号、性能、强度等级，对水箱、地下室、屋面等有抗渗要求的混凝土的抗渗等级。

（9）结构构造做法（如混凝土保护层厚度、受力钢筋锚固搭接长度等）。

（10）地基基础的设计类型与设计等级，对地基基础施工、验收要求以及对不良地基的处理措施与技术要求。

2．结构平面布置图

结构布置图是房屋承重结构的整体布置图，主要表示结构构件的位置、数量、型号及相互关系，与建筑平面图一样，属于全局性的图纸，通常包含基础布置平面图、楼层结构平面图、屋顶结构平面图、柱网平面图。

3．结构构件详图

构件详图是表示单个构件形状、尺寸、材料、构造及工艺的图样，属于局部性的图纸。其主要内容有：基础详图，梁、板、柱等构件详图，楼梯结构详图，其他构件详图。

（二）结构施工图的有关规定

房屋结构中的构件繁多，布置复杂，绘制的图纸除应遵守《房屋建筑制图统一标准》中的基本规定外，还必须遵守《建筑结构制图标准》（GB/T 50105—2001）的相关规定。现将有关规定介绍如下：

1．构件代号

在结构施工图中，为了方便阅读，简化标注。标准规定：构件的名称应用代号来表示，代号后应用阿拉伯数字标注该构件的型号或编号，也可为构件的顺序号。构件的顺序号采用不带角标的阿拉伯数字连续编排。当采用标准、通用图集中的构件时，应用该图集中的规定代号或型号注写。表示方法用构件名称的汉语拼音字母中的第一个字母表示。常用结构构件代号见表 2-1。

2．常用钢筋符号

钢筋按其强度和品种分成不同等级。普通钢筋一般采用热轧钢筋，常用钢筋符号见表 2-2。

表 2-1　常用结构构件代号

序号	名称	代号	序号	名称	代号	序号	名称	代号
1	板	B	15	吊车梁	DL	29	基础	J
2	屋面板	WB	16	圈梁	QL	30	设备基础	SJ
3	空心板	KB	17	过梁	GL	31	桩	ZH
4	槽形板	CB	18	连系梁	LL	32	柱间支撑	ZC
5	折板	ZB	19	基础梁	JL	33	水平支撑	SC
6	密肋板	MB	20	楼梯梁	TL	34	垂直支撑	CC
7	楼梯板	TB	21	檩条	LT	35	楼梯	T
8	盖板或沟盖板	GB	22	屋架	WJ	36	雨篷	YP
9	挡雨板或檐口板	YB	23	托架	TJ	37	阳台	YT
10	吊车安全走道板	DB	24	天窗架	TJ	38	梁垫	LD
11	墙板	QB	25	框架	KJ	39	预埋件	M
12	天沟板	TGB	26	钢架	GJ	40	天窗端壁	TD
13	梁	L	27	支架	ZJ	41	钢筋网	W
14	屋面梁	WL	28	柱	Z	42	钢筋骨架	G

注：预应力钢筋混凝土构件代号，应在构件代号前加注“Y-”；例如 Y-KB 表示预应力混凝土空心板。

表 2-2　常用钢筋符号

种类		强度等级	符号	强度标准 f_{yk}/（N/mm^2）
热轧钢筋	HPB235（Q235）	Ⅰ	ϕ	235
	HRB335（20MnSi）	Ⅱ	\u2c60	335
	HRB400（20MnSi、2020MnSi、2020MnTi）	Ⅲ	中	400
	RRB400（K2020MnSi）	Ⅳ	中^R	400

3. 钢筋的名称、作用和标注方法

配置在钢筋混凝土结构构件中的钢筋，一般按其作用分为以下几类。

（1）受力钢筋：它是承受构件内拉、压应力的受力钢筋，其配置根据通过受力计算确定，且应满足构造要求。梁柱的受力筋亦称纵向受力筋，应标注数量、品种和直径，如 4ϕ18 表示配置 4 根 HRB335 钢筋，直径为 18mm。板的受力筋，应标注品种、直径和间距，如ϕ10@150，表示配置 HRB235 钢筋，直径 10mm，间距 150mm（@是相等中心距符号）。

（2）架立筋：架立筋一般设置在梁的受压区，与纵向受力钢筋平行，用于固定梁内钢筋的位置，并与受力筋形成钢筋骨架。架立筋是按构造配置的，其标注方法同梁内受力筋相同。

（3）箍筋：箍筋的作用是承受梁、柱中的剪力、扭矩和固定纵向受力钢筋的位置等。标注时应说明箍筋的级别、直径、间距，如ϕ8@100。构件配筋图中箍筋的长度尺寸，应指箍筋的里皮尺寸。

（4）分布筋：它用于单向板、剪力墙中。

单向板中的分布筋与受力筋垂直。其作用是将承受的荷载均匀地传递给受力筋，并固定受力筋的位置以及抵抗热胀冷缩所引起的温度变形。标注方法同板中受力筋相同。

剪力墙中布置的水平和竖向分布筋，除上述作用外，还可参与承受外荷载，其标注方法同板中受力筋相同。

（5）构造筋：因构造要求及施工安装需要而配置的钢筋，如腰筋、吊筋、拉结筋等。

4．钢筋的弯钩

为了增强钢筋与混凝土的黏结力，表面光圆的钢筋两端需要做弯钩。弯钩的形式如图 2-6 所示。

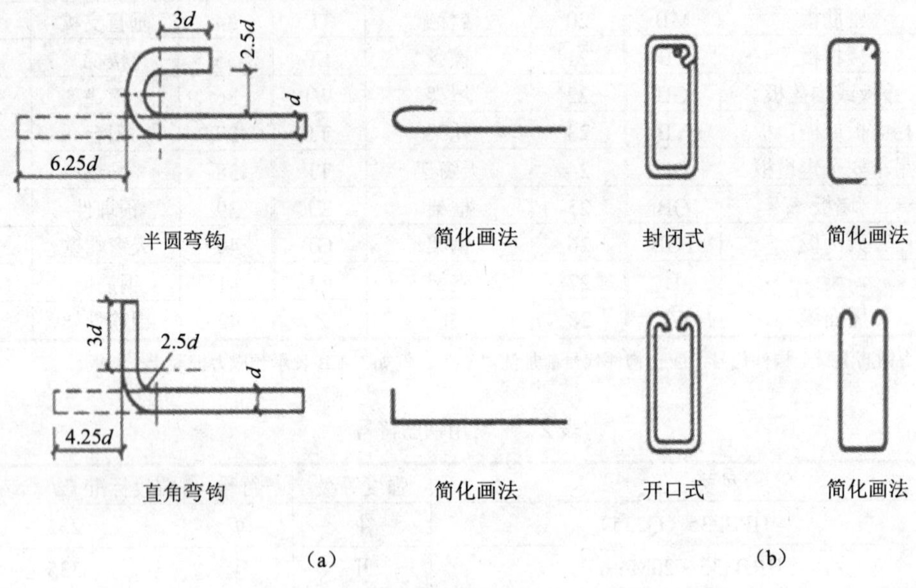

图 2-6 钢筋的弯钩形式

5．钢筋的常用表示方法

一般钢筋的表示方法见表 2-3。钢筋在结构中的画法见表 2-4。

表 2-3 一般钢筋的表示方法

序号	名称	图例	说明
1	钢筋横断面		
2	无弯钩的钢筋端部		下图表示长、短钢筋投影重叠时，短钢筋的端部用 45°斜画线表示
3	带半圆形弯钩的钢筋端部		
4	带直钩的钢筋端部		
5	带丝扣的钢筋端部		
6	无弯钩的钢筋搭接		
7	带半圆弯钩的钢筋搭接		
8	带直钩的钢筋搭接		
9	花篮螺丝钢筋接头		
10	机械连接的钢筋接头		用文字说明机械连接的方式（或冷挤压，或锥螺纹等）

表 2-4　钢筋在结构中的画法

序号	图例	说明
1	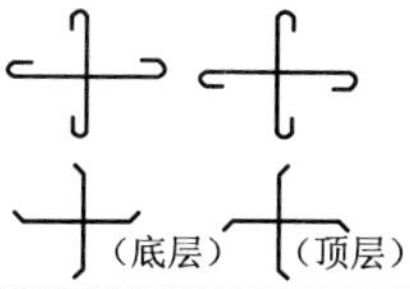 （底层）（顶层）	在结构平面图中配置双层钢筋时，底层钢筋的弯钩应向上或向左，顶层钢筋的弯钩则向下或向右
2	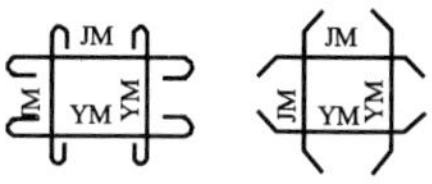 JM YM JM YM JM YM JM YM	钢筋混凝土墙体配双层钢筋时，在配筋立面图中，远面钢筋的弯钩应向上或向左，而近面钢筋的弯钩向下或向右（JM 近面；YM 远面）
3	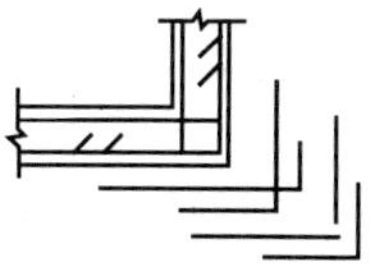	若在断面图中不能表达清楚的钢筋布置，应在断面图外增加钢筋大样图（如：钢筋混凝土墙、楼梯等）
4	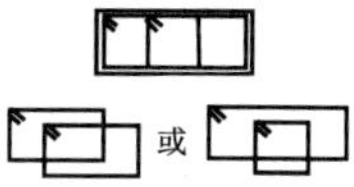 或	图中表示的箍筋、环筋等若布置复杂时，可加画钢筋大样图及说明
5		每组相同的钢筋、箍筋和环筋，可用一根粗实线表示，同时用一两端带斜短划线的横穿细线，表示其余钢筋及起止范围

6．钢筋的保护层

为了防止构件中的钢筋被锈蚀，加强钢筋与混凝土的黏结力，构件中的钢筋不允许外露，构件表面到钢筋外缘必须有一定厚度的混凝土，这层混凝土被称为钢筋的保护层。保护层厚度因构件不同而异，根据规定，一般情况下，梁和柱的保护层厚度为 25～30mm，板的保护层厚度为 10～15mm。

（三）钢筋混凝土构件详图的图示方法

钢筋混凝土构件图是加工制作钢筋、浇筑混凝土的依据，其内容包括模板图、配筋图、钢筋表和文字说明 4 部分。

1．模板图

模板图是为浇筑构件的混凝土而绘制的，主要表示构件的外形尺寸、预埋件的位置、预留孔洞的大小和位置。

2．配筋图

配筋图就是钢筋混凝土构件（结构）中的钢筋配置图，主要表示构件内部所配置钢筋的形状、大小、数量、级别和排放位置。

（四）结构布置平面图

结构平面图是表示建筑物各构件平面布置的图样，分为基础平面图、楼层结构布置平面图、屋面结构布置平面图。这里仅介绍民用建筑的楼层结构布置平面图。

楼层结构布置平面图是假想将房屋沿楼板面水平剖开后所得的水平剖面图，用来表示房屋中每一层楼面板及板下的梁、墙、柱等承重构件的布置情况或现浇楼板的构造和配筋。

楼层结构布置平面图的阅读方法：

（1）看图名、轴线、比例。

（2）看预制楼板的平面布置及其标注。

（3）看现浇楼板的布置。现浇楼板在结构平面图中的表示方法有两种：一种是直接在现浇的位置处绘出配筋图，并进行钢筋标注；另一种是在现浇板范围内画一对角线，并注写板的编号，该板配筋另有详图。

（4）看楼板与墙体（或梁）的构造关系。在结构平面图中，配置在板下的圈梁、过梁、梁等钢筋混凝土构件轮廓线可用中虚线表示，也可用单线（粗虚线）表示，并应在构件旁标注其编号和代号。

（五）基础图

基础图表示房屋地面以下基础部分的平面布置和详细构造的图样。它是进行施工放线、基槽开挖和砌筑的主要依据，也是施工组织和预算的主要依据。基础图通常包括基础平面图和基础详图。

1．基础平面图

基础平面图中，只反映基础墙、柱以及它们基础底面的轮廓线，基础的细部轮廓线可省略不画。这些细部的形状，将具体反映在基础详图中。基础墙和柱是剖到的轮廓线，应画成粗实线，未被剖到的基础底部用细实线表示。基础内留有孔、洞的位置用虚线表示。由于基础平面图常采用 1∶100 的比例绘制，故材料图例的表示方法与建筑平面图相同，即剖到的基础墙可不画砖墙图例（也可在透明描图纸的背面涂成红色）、钢筋混凝土柱涂成黑色。

当房屋底层平面中开有较大门洞时，为了防止在地基反力作用下导致门洞处室内地面的开裂，通常在门洞处的条形基础中设置基础梁，并用粗点画线表示基础梁的中心位置。

在基础平面布置中主要有下列内容：

（1）反映基础的定位轴线及编号，且与建筑平面图要相一致。

（2）定位轴线的尺寸、基础的形状尺寸和定位尺寸。

（3）基础墙、柱、垫层的边线以及与轴线间的关系。

（4）基础墙身预留洞的位置及尺寸。

（5）基础截面图的剖切位置线及其编号。

2．基础详图

基础断面图表示基础的截面形状、细部尺寸、材料、构造及基底标高等内容。一般情况下，对于构造尺寸不同的基础应分别画出其详图，但是当基本构造形式相同，只是部分尺寸不同时，可以用一个详图来表示，但应注出不同的尺寸或列出表格说明。对于条形基础只需画出基础断面图；而独立基础除了画出基础断面图外，有时还要画出基础的平面图或立面图。

（1）基础详图的内容：

1）表明基础的详细尺寸，如基础墙的厚度、基础底面宽度和它们与轴线的位置关系。

2）表明室内外、基底、管沟底的标高，基础的埋置深度。

3）表明防潮层的位置和勒脚、管沟的做法。

4）表明基础墙、基础、垫层的材料标号，配筋的规格及其布置。

5）用文字说明图样不能表达的内容，如地基承载力、材料标号及施工要求等。

（2）基础详图的识读：

1）看图名、比例。基础详图的图名常用如 1—1、2—2……断面或用基础代号表示。基础详图比例常用 1∶20。根据基础详图的图名编号或剖切位置编号，以此去查阅基础平面图，两图应对照阅读，明确基础所在的位置。

2）看基础详图中的室内外标高和基底标高，可算出基础的高度和埋置深度。

3）看基础的详细尺寸。

4）看基础墙、基础、垫层的材料标号，配筋的规格及其布置。

三、给水排水施工图的内容及识图方法

给水排水工程是现代城市建设的重要基础设施，包括给水工程、排水工程和室内给水排水工程（又称为建筑给水排水工程）三方面。绘制给水排水施工图应遵守《给水排水制图标准》（GB/T 50106—2001）的相关规定，还应遵守《房屋建筑制图统一标准》（GB/T 50001—2001）中的各项基本规定。现以建筑给水排水工程为例，来介绍其施工图的内容和识读方法。

建筑给水排水施工图是指房屋内部的卫生设备或生产用水装置的施工图，它主要反映了这些用水器具的安装位置及其管道布置情况，同时也是基本建设概预算中施工图预算和组织施工的主要依据。一般由平面布置图、系统轴测图、施工详图、设计说明及主要设备材料表组成。

（一）给水排水平面图

1．内容

（1）各用水设备的类型及平面位置。

（2）各干管、立管、支管的平面位置，立管编号和管道的敷设方式。

（3）管道附件，如阀门、消火栓、清扫口的位置。

（4）给水引入管和污水排出管的平面位置、编号以及与室外给水排水管网的联系。

2．特点

（1）室内给水排水平面图一般采用与建筑平面图相同的比例，常用 1∶100，必要时也采用 1∶50 或 1∶200。

（2）管道与卫生器具相同的楼层可以只用一张给水排水平面图来表达，但底层必须单绘制。当屋顶设水箱和管道时，应绘制屋顶给水排水平面图。

（3）给水排水工程图中，各种卫生器具、管件、附件等，均应按照国家标准中规定的图例绘制。其中常用的图例见表 2-5 和表 2-6。

表 2-5 常用室内给水器材图例

序号	名称	图例	序号	名称	图例
1	管道	J P	8	止回阀	
2	多孔管		9	龙头	
3	截止阀		10	室内消火栓（单口）	
4	闸阀		11	室内消火栓（双口）	
5	水表井		12	淋浴喷头	
6	水表		13	自动计压表	
7	泵				

表 2-6 室内排水器材及卫生设备图例

序号	名称	图例	序号	名称	图例
1	S/P 存水弯		9	浴盆	
2	检查口		10	化验盆 洗涤盆	
3	清扫口		11	污水池	
4	通气帽、钢丝球		12	挂式小便斗	
5	排水漏斗		13	蹲式大便器	
6	圆形地漏		14	坐式大便器	
7	方形地漏		15	小便槽	
8	洗脸盆		16	矩形化粪池	HC

（4）当建筑物的给水引入管或排水排出管数量多于一根时，宜按系统编号。标注方法如图 2-7 所示。建筑物内穿过楼层的立管，其数量多于一根时，应用阿拉伯数字编号，表示形式为“管道类别和立管代号—编号”。标注方法如图 2-8 所示。

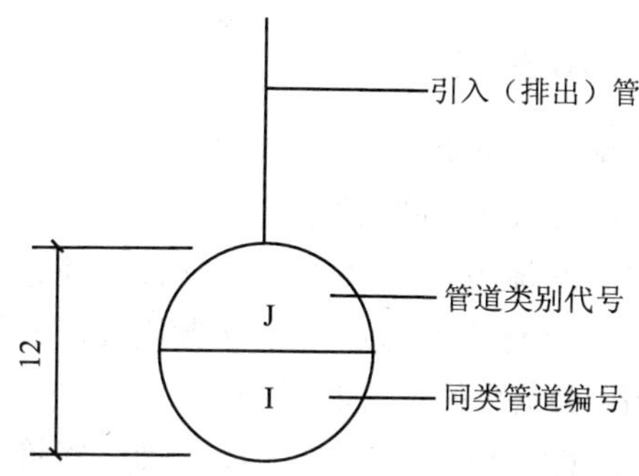

图 2-7　管道系统编号标注方法

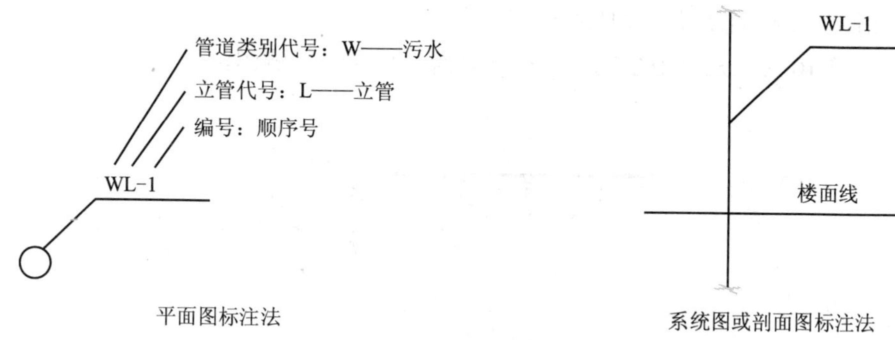

图 2-8　立管编号标注方法

（二）给水排水轴测图

室内给水轴测图是表明室内管网、用水设备的空间关系及与房屋相对位置、尺寸等情况的图样，具有较好的立体感，能较好地反映给水系统的全貌，是对给水平面图的重要补充。

1. 内容

（1）给水引入管、污水排出管、干管、立管、支管的空间位置和走向。

（2）各种配件如阀门、水表、水龙头、地漏、清扫口等在管路上的位置和连接情况。

（3）各段管道的管径和标高等。

2. 特点

（1）轴测类型。系统图一般采用 45°三等正面斜等轴测绘制。

（2）绘图比例一般与平面图一致。

（3）轴测图一般应按给水、排水、热水供应、消防等各系统单独绘制。

（4）在系统图中，各段管道均注有管径，图中未注管径的管段，可在施工说明中集中写明。凡有坡度的横管都应注出坡度，坡度符号的箭头是指向下坡方向。在系统图中所注标高均为相对标高。

（5）给水施工详图是详细表明给水施工图中某一部分管道、设备、器材的安装大样图。

目前，国家及各省市均有相关的安装手册或标准图，施工时应参见有关内容。

（三）室内给水排水施工图的识读

（1）熟悉图纸目录，了解设计说明，明确设计要求。

（2）将给水、排水的平面图和系统图对照识读。

给水系统可从引入管起沿水流方向，经干管、立管、横管、支管到用水设备，将平面图和系统图一一对应阅读。弄清管道的走向、分支位置，各管段的管径、标高，管道上的阀门水表、升压设备及配水龙头的位置和类型。

排水系统可从卫生器具开始，沿水流方向，经支管、横管、立管、干管到排出管依次识读，弄清管道的走向，管道汇合位置，各管道的管径、坡度、坡向、检查口、清扫口、地漏的位置，通风帽形式等。

结合平面图、系统图及设计说明看详图。

图 2-9、图 2-10 为某别墅卫生间给水排水系统平面图和轴测图。

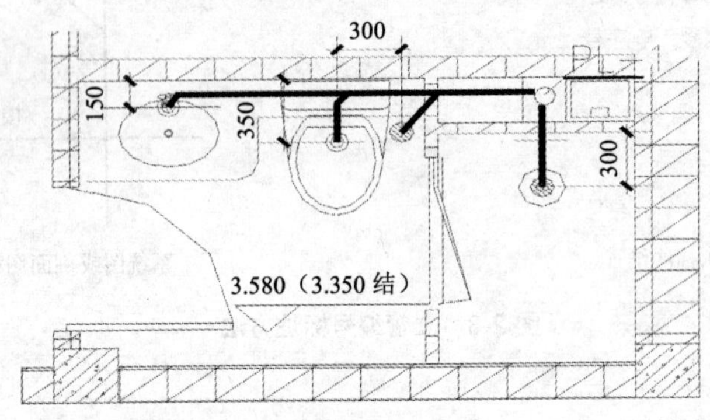

图 2-9　卫生间给水排水系统平面图

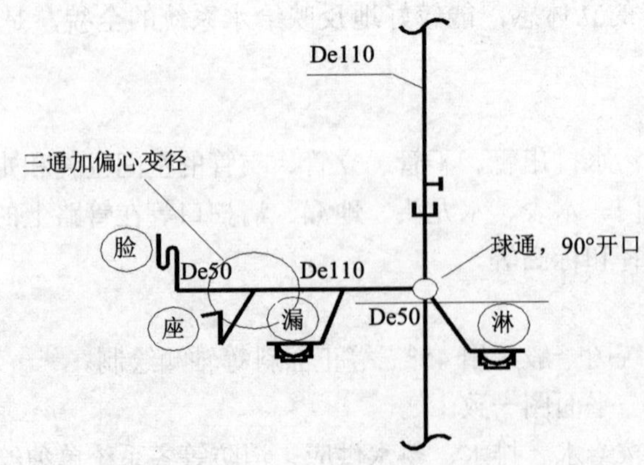

图 2-10　卫生间给水排水系统轴测图

四、建筑电气施工图的内容及识图方法

在现代房屋建筑内常需要安装各种电气设备，如家用电器、照明灯具、电视电话、网络接口、电源插座、控制装置、动力设备等，将这些电气设施的布局位置、安装方式、连接关系和配电情况表示在图纸上，就是建筑电气施工图。

绘制建筑电气施工图应遵守《房屋建筑制图统一标准》（GB/T 50001—2001）和《电气制图标准》（GB 6988—86）中的有关规定。

（一）电气施工图的组成和内容

室内电气照明施工图是以建筑施工图为基础（建筑平面图用细线绘制），并结合电气接线原理而绘制的，主要表明建筑物室内相应配套电气照明设施的技术要求。一般由下列内容组成：

1. 图纸目录及设计说明

目录表明电气照明施工图的编制顺序及每张图的图名，便于查阅。

设计说明包括建筑概况、工程设计范围、工程类别、供电方式、电压等级、主要线路敷设方式、工程主要技术数据、施工和验收要求及有关事项。

2. 电气系统图

电气系统图也称原理图或流程图，其内容包括：整个配电系统的连接方式，从主干线至各分支回路的路数，主要变、配电设备的名称、型号、规格及数量，主干线路及主要分支线路的敷设方式、型号、规格。

3. 电气平面图

电气平面图包括变、配电平面图、动力平面图、照明平面图、弱电平面图、室外工程平面图及防雷平面图等。在图纸上主要表明电源进户线的位置、规格、穿线管径；配电盘（箱）的位置；配电线路的敷设方式；配电线的规格、根数、穿线管径；各种电器的位置；各支线的编号要求；防雷、接地的安装方式以及在平面图上的位置等。

4. 电气安装大样图

电气安装大样图是表明电气工程中某一部位的具体安装节点详图或安装要求的图样，通常参见现有的安装手册，除特殊情况外，图纸中一般不予画出。

（二）室内电气照明施工图的识读

建筑电气施工图的专业性较强，要看懂图不仅需要投影知识，还应具备一定的电气专业基础知识，如电工原理、接线方法、设备安装等，还要熟悉各种常用的电气图形符号、文字代号和规定画法。读图时，首先要阅读电气设计和施工说明，从中可以了解到有关的资料，如供电方式、照明标准、电力负荷、设备和导线的规格等情况。

电气设施的安装和线路的敷设与房屋的关系十分密切，所以还应该通过查阅建筑施工图，来搞清楚房屋内部的功能布局、结构形式、构造和装修等土建方面的基本情况。

(三) 常用图形符号及标注方式

1. 导线的表示法

电气图中导线用线条表示，方法如图 2-11（a）所示。导线的单线表示法可使电气图更简洁，故最常用，如图 2-11（b）、（c）所示，单线图中当导线为两根时通常可省略不注。

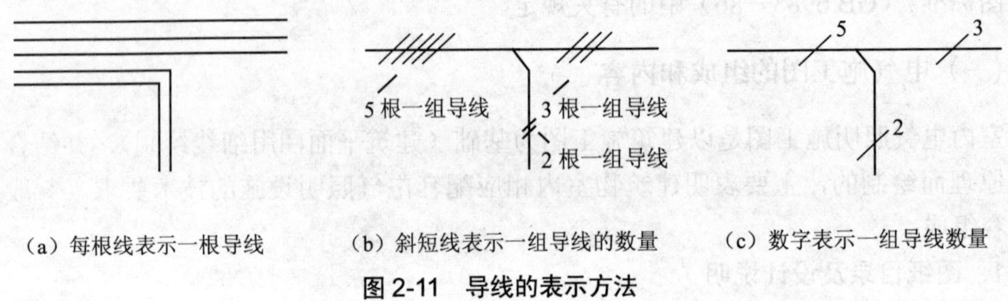

（a）每根线表示一根导线　（b）斜短线表示一组导线的数量　（c）数字表示一组导线数量

图 2-11 导线的表示方法

2. 电气图形符号和文字符号

电气图中包含有大量的电气图形符号，各种元器件、装置、设备等都是用规定的图形符号表示的。电气图中还常用文字代号注明元器件、装置、设备的名称、性能、状态、位置和安装方式等。电气文字代号分为基本代号、辅助代号、数字代号、附加代号四部分。基本代号用拉丁字母（单字母或双字母）表示名称，如“G”表示电源，“GB”表示蓄电池。辅助符号也是用拉丁字母表示，如“AUT”表示自动，“PE”表示保护接地。具体规定可参见《建筑电气工程设计常用图形和文字符号》。

五、建筑材料图例

建筑工程中所用的建筑材料是多种多样的。为了在图（剖面图、截面图）上清楚地把它们表示出来，“国标”规定了各种建筑材料图例，表 2-7 是常用的几种。

六、尺寸注法

关于尺寸标注的一些基本知识，在第四节中已经介绍过一些，下面再作几点补充。

（1）《房屋建筑制图统一标准》（GB/T 50001—2001）规定，各种设计图上标注的尺寸，除标高及总平面图以“m”为单位外，其余一律以“mm”为单位。因此，图 2-12 尺寸数字后面都不注写单位。

（2）尺寸数字应尽量标注在尺寸线上方的中部，当尺寸界线较窄时，最外边的尺寸数字可注写在尺寸界线的外侧；中部的尺寸数字可在尺寸线的上、下边错开注写；必要时也可以用引出线引出注写，如图 2-12 所示。

（3）为了保证图上尺寸数字清晰，任何图线、符号都不允许穿过尺寸数字。当无法避免时，应在注写尺寸数字处把图线断开，如图 2-13 所示。

（4）格架式结构的单线图，可将尺寸直接注写在杆件的一侧，如图 2-14 所示。

表 2-7　常用建筑材料图例

序号	名称	图例	说　明
1	自然土壤		包括各种自然土壤
2	夯实土壤		
3	砂、灰土		靠近轮廓线点较密的点
4	砂砾石、碎砖三合土		
5	天然石材		包括岩层、砌体、铺地、贴面等材料
6	毛石		
7	普通砖		1．包括砌体、砌块 2．断面较窄、不易画出图例线时，可涂红
8	耐火砖		包括耐酸砖等
9	空心砖		包括各种多孔砖
10	饰面砖		包括铺地砖、马赛克、陶瓷锦砖、人造大理石等
11	混凝土		1．本图例仅适用于能承重的混凝土及钢筋混凝土 2．包括各种标号、骨料、添加剂的混凝土 3．在剖面图上画出钢筋时，不画图例线 4．断面较窄，不易画出图例线时，可涂黑
12	钢筋混凝土		
13	焦渣、矿渣		包括与水泥、石灰等混合而成的材料
14	多孔材料		包括水泥珍珠岩、沥青珍珠岩、泡沫混凝土、非承重加气混凝土、泡沫塑料、软木等

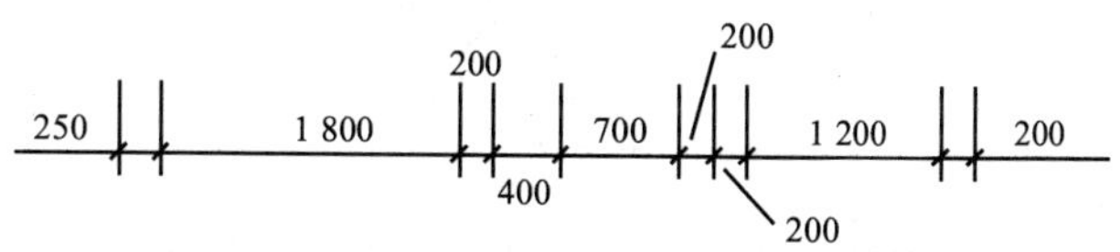

图 2-12

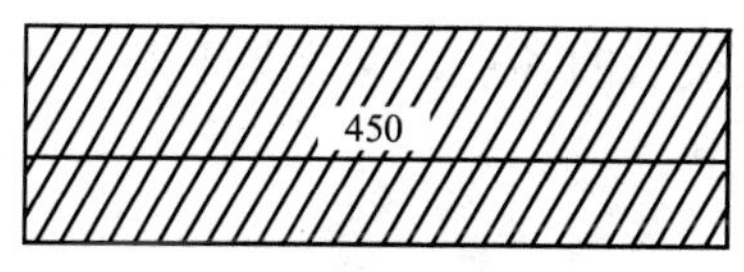

图 2-13

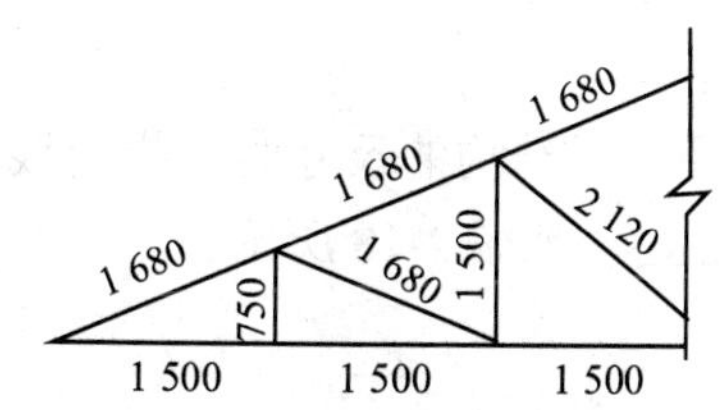

图 2-14

（5）一平面（或直线）对另一平面（或直线）的倾斜程度叫坡度。对于坡度可采用图 2-15 的标注方法。图 2-15（a）是屋面坡度较大时的注法，直角三角形的斜边应和坡度方向一致，两直角边边长之比（如图中的 1∶4）就表示坡度的高宽比；图 2-15（b）是屋面坡度较小时的注法，2%表示坡度的高宽比，箭头表示倾斜的方向。

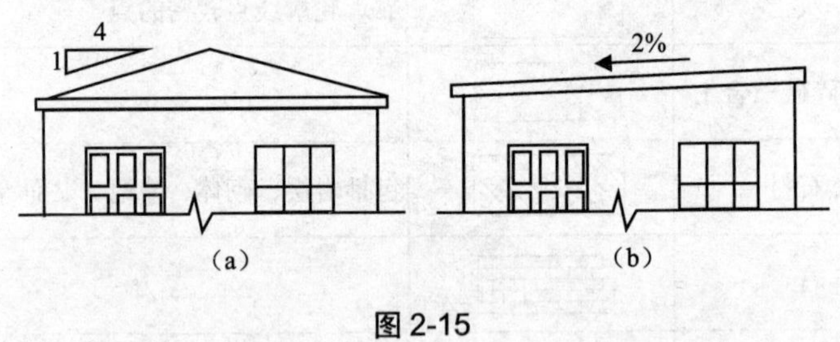

图 2-15

（6）标高

1）相对标高：根据工程需要，自行选定而引出的标高基准面，称为相对标高。而±0.000 即在一般房屋建筑中，大都取底层室内地面作为相对标高的基准面。

2）绝对标高：根据国家规定，凡是以青岛的黄海平均海平面作为基准面而引出的标高。若某一位置的高度比这个基准面高出 10m，即这一位置的绝对标高为 10.00。

注写标高时，应采用标高符号，其形式除总平面图中的室外整平标高采用全部涂黑的三角形外，其他图面上一律采用图 2-16（a）所示的图形。在特殊情况下也可采用图 2-16（b）所示的图形。

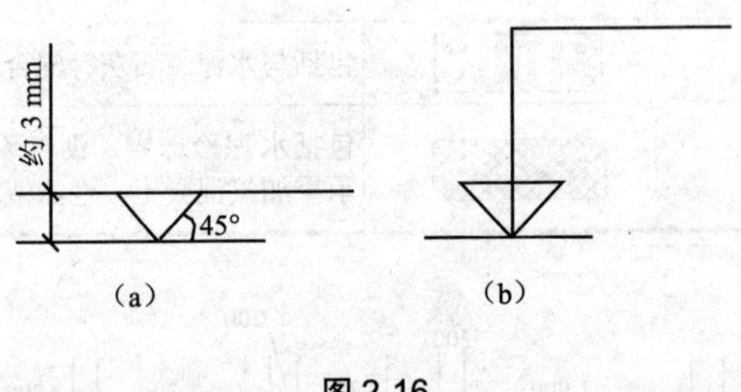

图 2-16

零点标高注成±0.000，正数标高数字一律不加正号，如 3.000；负数标高数字必须加注负号，如－1.500。

在剖面图及立面图上，标高符号的尖端，可以向上指或向下指，注写数字的位置如图 2-17 所示。

（7）标注多层结构的尺寸时，指引线必须通过被引的各层，文字说明和尺寸数字应按构造层次注写，如图 2-18 所示。

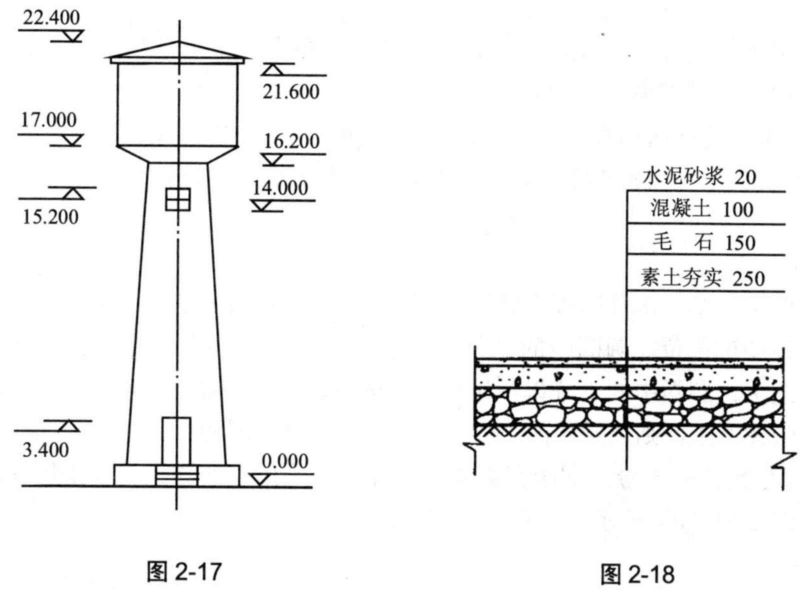

图 2-17　　　　图 2-18

七、指北针和风向频率玫瑰图

1. 指北针

在总平面图中应画有指北针，如图 2-19 所示，以表示建筑物的朝向。指北针的圆圈直径一般为 25mm，指北针南端的宽度为圆圈直径的 1/8。

2. 风向频率玫瑰图

为了表示某一地区常年的风向情况，在总平面图中要画上风向频率玫瑰图（以下简称风玫瑰图)，如图 2-20 所示。图中把东南西北划分为 16 个方位，各方位上的长度，就是把多年来各方位平均刮风的次数占刮风总次数的百分数值，按一定的比例定出的。图中所示的风向是指从外面刮向地区中心的。实线指全年的风向，虚线指夏季的风向。在总平面图上如果画有风玫瑰图，指北针的画法如图 2-20 所示。

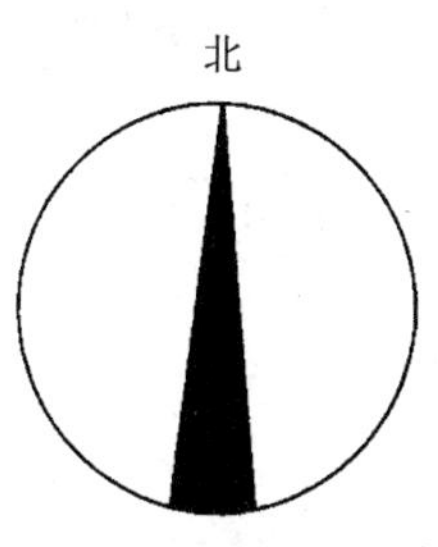

图 2-19

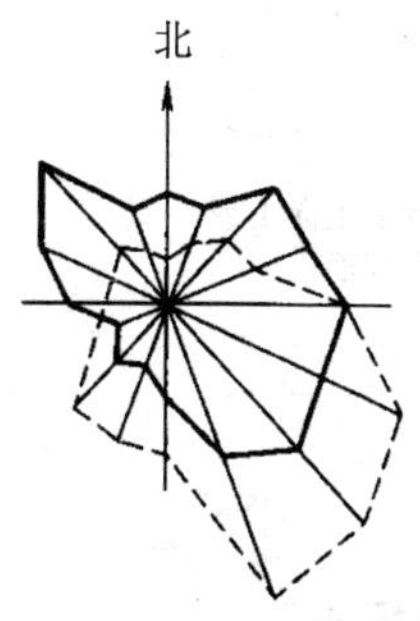

图 2-20

八、详图索引标志

由于图形的比例较小，在图上当建筑物的某些部分不能表达清楚时，需要另外用较大的比例画出该部分的图样，以便按照它施工或制作，这种图样叫做详图或节点图（也叫大样图）。为了使详图和有关图样前后呼应，便于看图，常采用索引标志的符号，注明已画有详图的部位、详图的编号以及详图所在的图纸编号，这种表示方法叫做详图索引标志。

1．索引标志

为了指明图上某一部分已画有详图，应采用图 2-21 所示的索引标志。图中的引出线应指向画有详图的部位，圆圈中的“分子”数“5”表示详图的编号，如所索引的详图就画在本张图纸上，圆圈中的“分母”用一横线表示，如图 2-21（a）所示；如索引的详图画在另外一张图纸上，则圆圈中的“分母”数字表示画详图的那张图纸的编号，如图 2-21（b）中的“4”就表示 5 号详图画在第 4 号图纸上。所索引的详图，如采用标准详图时，索引标志如图 2-21（c）所示。

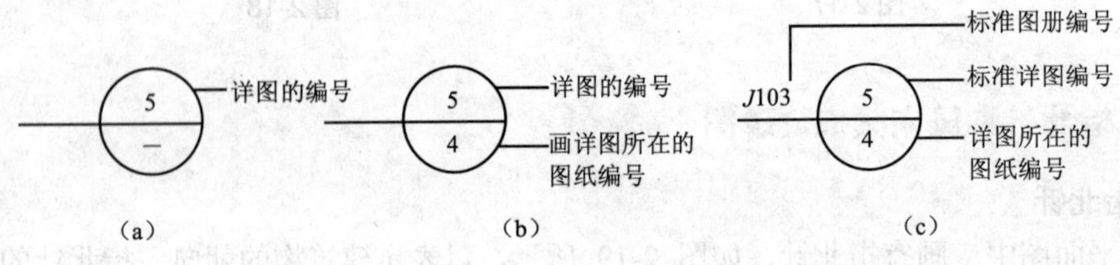

图 2-21

当所索引的详图是局部剖面的详图时，索引标志如图 2-22 所示。引出线一端的粗短线，表示作剖面时的投影方向。粗短线应贯穿所切剖面的全部，圆圈中数字的含义和图 2-21 相同。

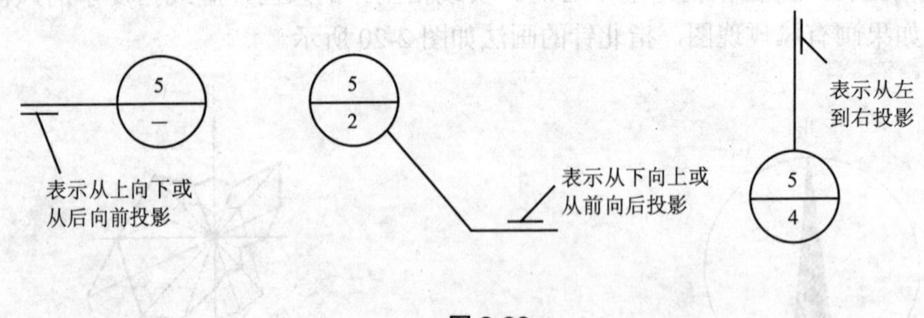

图 2-22

2．详图标志

在所画的详图上，应采用图 2-23 所示的详图标志。图 2-23（a）圆圈中的数字“5”表示详图的编号且和所索引的详图在同一张图纸上。图 2-23（b）圆圈中的“分子”表示详图的编号，“分母”数字“2”则表示被索引的详图所在的图纸编号。

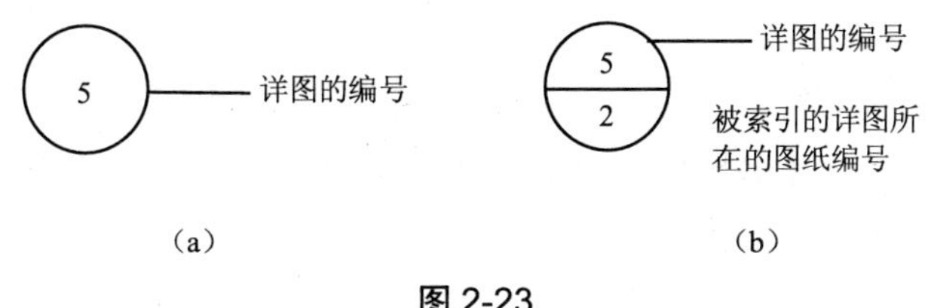

图 2-23

九、对称符号和连接符号

1. 对称符号

完全对称的构件图，可在构件中心线上画上对称符号，如图 2-24 所示，以表示在符号两边的图形完全对称，这时可只画图形的一侧，其对称部分可省略绘制。

图 2-24

2. 连接符号

在表示构件图形时，如遇到下面两种情况，可采用连接符号。

（1）当两个构件的图形大部分相同而只有局部不同时，如图 2-25（a）和图 2-25（b）所示。则可完整地画出其中一个构件的图形，对另一构件可只画其不同部分，并用连接符号表示相连，如图 2-25（c）所示。两个连接符号应对准在同一线上。

（2）同一构件的图形，如绘制的地方不够时，也可将该构件分成两个部分绘制，再用连接符号表示相连，如图 2-26 所示。

连接符号的编号采用大写汉语拼音字母。

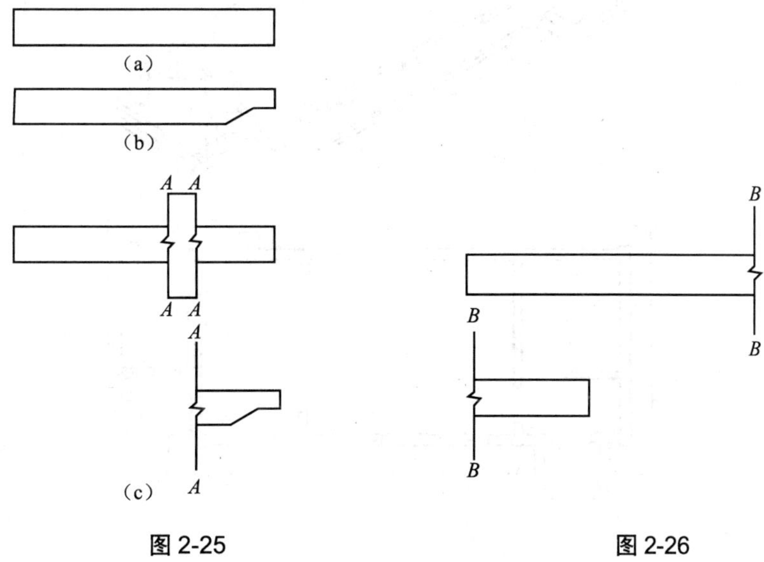

图 2-25　　图 2-26

十、建筑物的表达方法

房屋建筑图是表示一栋房屋的内部和外部形状的图纸，有平面图、立面图、剖面图等。这些图纸都是运用正投影原理绘制的。

（一）房屋建筑的平、立、剖面图

1．平面图

房屋建筑的平面图就是一栋房屋的水平剖视图。即假想用一水平面把一栋房屋的窗台以上部分切掉，切面以下部分的水平投影图就叫做平面图。图 2-27 是一栋单层房屋的平面图。一栋多层的楼房若每层布置各不相同，则每层都应画平面图。如果其中有几个楼层的平面布置相同，可以只画一个标准层的平面图。

平面图主要表示房屋占地的大小，内部的分隔，房间的大小，台阶、楼梯、门窗等局部的位置和大小，墙的厚度等。一般施工放线、砌墙、安装门窗等都要用到平面图。

平面图有许多种，如总平面图、基础平面图、楼板平面图、屋顶平面图、吊顶或顶棚仰视图等。

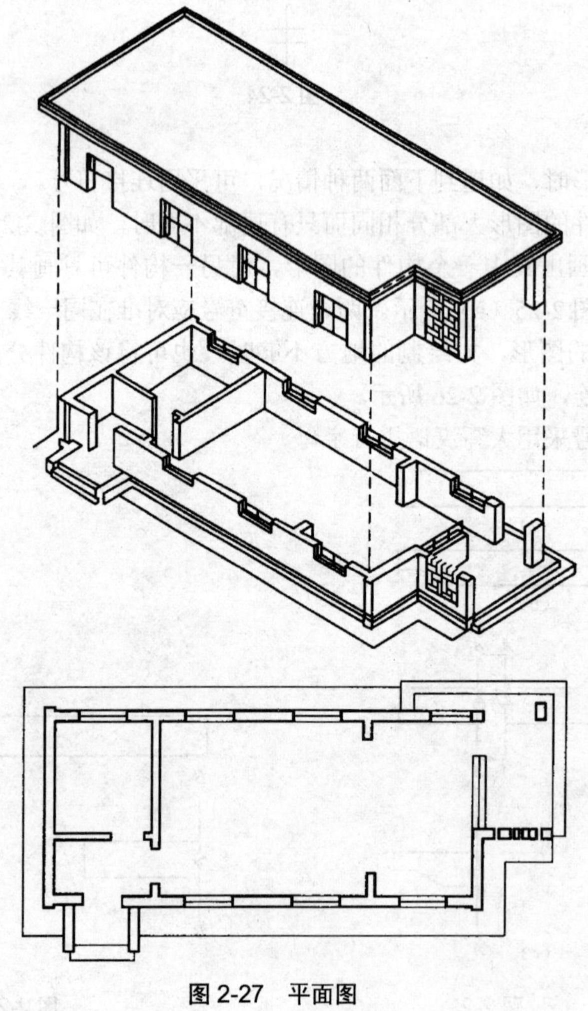

图 2-27 平面图

2．立面图

房屋建筑的立面图，就是一栋房子的正立投影图与侧投影图，通常按建筑各个立面的朝向，将几个投影图分别叫做东立面图、西立面图、南立面图、北立面图等。图 2-28 就是一栋建筑的两个立面图。

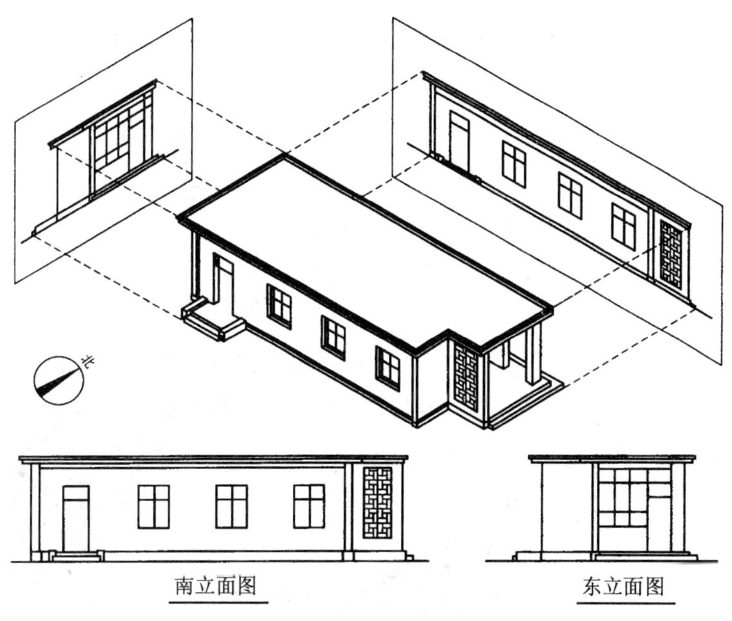

图 2-28 立面图

立面图主要表明建筑物外部形状，房屋的长、宽、高尺寸，屋顶的形式，门窗洞口的位置，外墙饰面、材料及做法等。

3．剖面图

房屋建筑的剖面图系假想用一平面把建筑物沿垂直方向切开，切面后的部分的正立投影图就叫做剖面图。因剖切位置的不同，剖面图又分为横剖面图（图 2-29，1—1 剖面图）、纵剖面图（图 2-29，2—2 剖面图）。

剖面图主要表明建筑物内部在高度方面的情况，如屋顶的坡度、楼房的分层、房间和门窗各部分的高度、楼板的厚度等，同时也可以表示出建筑物所采用的结构形式。

剖面位置一般选择建筑内部做法有代表性和空间变化比较复杂的部位。如图 2-29 所示，1—1 剖面是选在房屋的第二开间窗户部位。多层建筑一般选在楼梯间。复杂的建筑物需要画出几个不同位置的剖面图。剖面的位置应在平面图上用剖切线标出。剖切线的长线表示剖切的位置，短线表示剖视方向。如图 2-29 平面图中剖切线 1—1 表示横向剖切，从右向左看。在一个剖面图中想要表示出不同的剖切位置，剖切线可以转折，但只允许转折一次。如图 2-29 所示，2—2 剖面图就是通过剖切线的转折，同时表示右侧入口处的台阶、大门、雨篷和左侧门的情况。

从以上介绍可以看出，平、立、剖面图相互之间既有区别，又紧密联系。平面图可以说明建筑物各部分在水平方向的尺寸和位置，却无法表明它们的高度；立面图能说明建筑物外形的长、宽、高尺寸，却无法表明它的内部关系，而剖面图则能说明建筑物内部高度方向的布置情况。因此，只有通过平、立、剖三种图互相配合才能完整地说明建筑物从内到外、从水平到垂直的全貌。

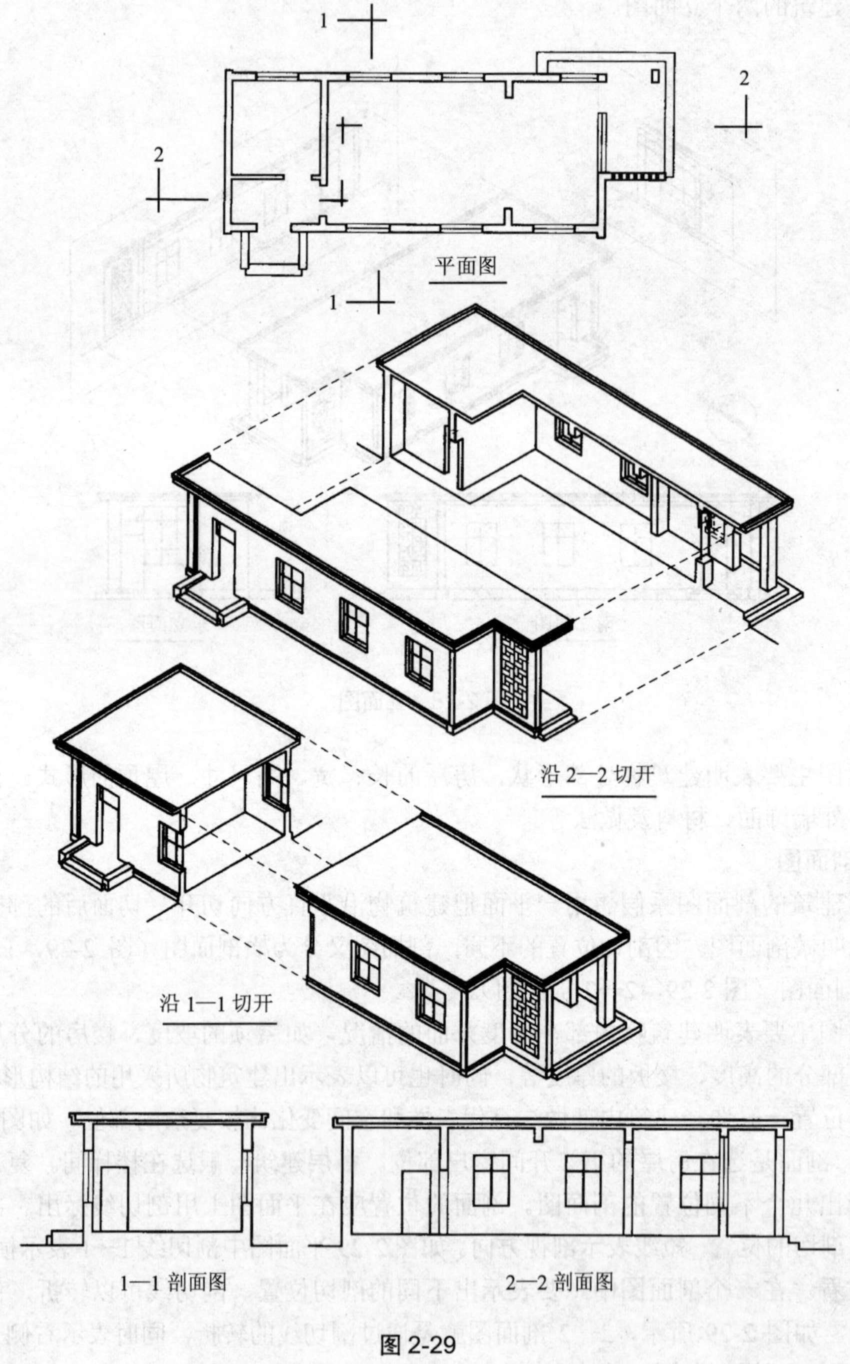

图 2-29

图 2-30 是一张某传达室的施工图，就是用上述的房屋建筑图基本表示方法绘制的。

南立面图 1：100
东立面图 1：100
平面图 1：100　建筑面积 67.24m²
1—1 剖面图 1：100
墙身剖面甲 1：20
水刷石
清水砖墙
二毡三油上铺水豆石
20厚1：3水泥砂浆找平层
50厚1：8水泥焦渣
干铺焦渣找坡
钢筋混凝土板
预制水磨石窗台板
油毡一层防潮
水泥砂浆抹面
50 厚 C10 素混凝土
100 厚 3：7 灰土
素土夯实
50 厚豆石混凝土随打随抹
300 厚 3：7 灰土
素土夯实
门：M-1-1 樘；M-2-2 樘；M-3-1 樘　另见详图
窗：C-1-7 樘；C-2-1 樘　详建施 2
预制水磨石窗台板-7 块　详标准图
预制窗过梁：GL12.1-7 根；GL12.3-7 根　详标准图
砖墙采用 MU7.5 砖，M2.5 砂浆砌筑。水刷石石子颜色比　白：黑：黄=8：1：1
××设计院
工程名称　传达室
平、立、剖面及墙身剖面图
审定
审核
设计
制图
设计号
图别
图号
日期

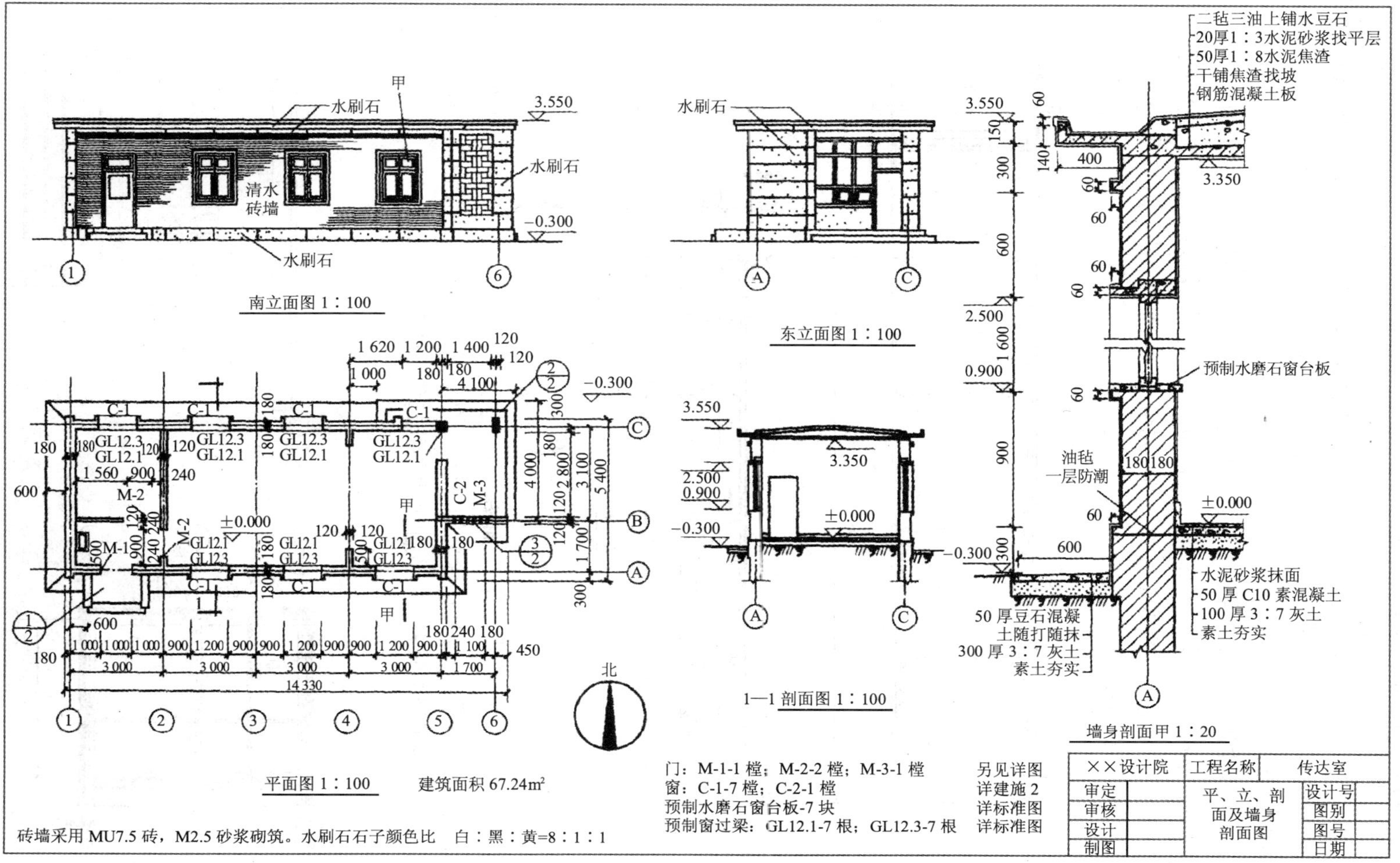

图 2-30

（二）房屋建筑的详图和构件图

在施工图中，由于平、立、剖面图的比例较小，许多细部表达不清楚，必须用大比例尺绘制局部详图或构件图。详图或构件图也是运用正投影原理绘制的，表示方法根据详图和构件的特点有所不同。

如图 2-30 中墙身剖面甲就是在平面图上所示甲剖面的详图。

图 2-31 是构件图，采用平面图和两个不同方向的剖面图共同表示预应力大型屋面板的形状。由于大型屋面板的外形比较简单，完全可以从平面图和剖面图中知道它的形状，因此将立面图省略不画。

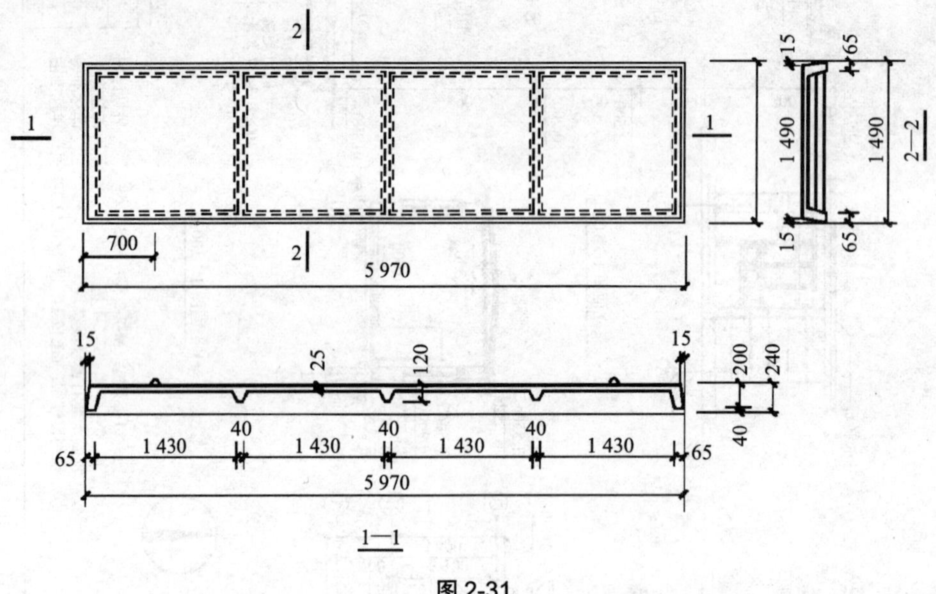

图 2-31

图 2-32 是楼盖的布置图。在平面图上画一垂直剖面，就地向左或向上折倒在平面上，这种剖面称为折倒断面，如图中涂黑的部分，这样可以更清楚地表示出其立体关系。

图 2-33 是用折倒断面表示出立面上线条的起伏、凹凸的轮廓。

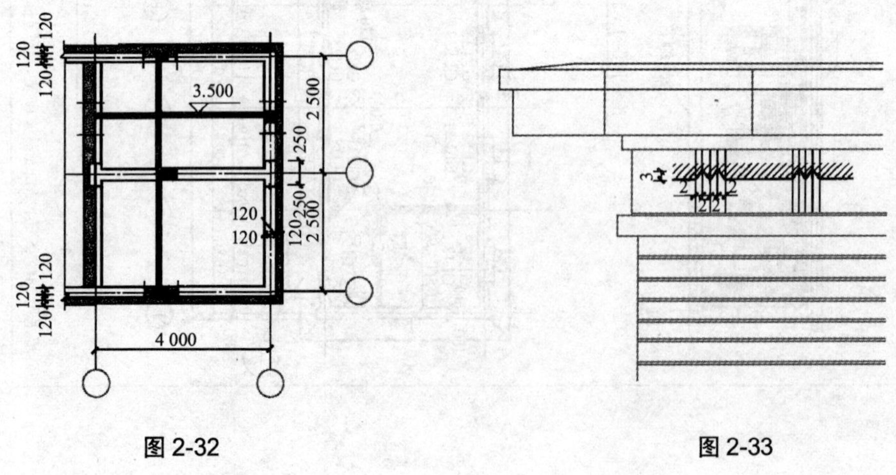

图 2-32　　图 2-33

从以上所述可以看出，房屋建筑的平、立、剖面图是以正投影原理为基础的，并根据建筑设计和施工的特点，采用了一些灵活的表现方法。熟悉这些基本表现方法，有助于对房屋建筑施工图纸的阅读。

第二节　施工项目管理

一、建设工程项目管理概述

1. 项目

项目指那些作为管理的对象，按时间、预算和质量标准完成的一次性任务。其主要特征如下：

（1）项目一次性（单件性）。

（2）项目目标的成果性目标和约束性目标。成果性目标指项目的功能性要求，如钢厂的炼钢能力和技术经济指标；约束性目标指项目的期限、预算、质量。

（3）项目作为管理对象的整体性。一个项目，是指一个整体管理对象，在按其需要配置生产要素时，必须以总体效益的提高为标准。由于内外环境是变化的，所以管理和生产要素的配置是动态的。

（4）项目按最终成果划分，有建设项目、科研开发项目、航天项目及维修项目等。

2. 建设项目

建设项目指需要一定量的投资，经过决策和实施（设计、施工）的一系列程序，在一定约束条件下以形成固定资产为明确目标的一次性事业。

3. 施工项目

施工项目指建筑施工企业对一个建筑产品的施工过程及成果，也就是生产对象。其主要特征如下：

（1）它是建设项目或其中的单项工程（单位工程）的施工任务。

（2）它作为一个管理整体，是以建筑施工企业为管理主体的。

（3）它的任务范围是由工程承包合同界定的。

二、施工项目管理概念

施工项目管理，是指在施工项目管理的全过程中，为了取得各阶段目标和最终目标的实现，在进行各项活动中，必须加强管理工作。必须强调，施工项目管理的主体是以施工项目经理为首的项目经理部，即作业管理层，管理的客体是具体的施工对象、施工活动及相关生产要素。

（1）项目管理是为使项目取得成功所进行的全过程、全方位的规划、组织、控制与协调。目标界定了项目管理的主要内容——“三控制”、“三管理”、“一协调”。

（2）建设项目管理是项目管理的一类。

（3）施工项目管理是由建筑施工企业对施工项目进行的管理。具有如下特点：

1）施工项目的管理者是建筑施工企业。

2）施工项目管理的对象是施工项目。施工项目周期也就是施工项目的生命周期，包括工程投标、签订合同、施工准备以及交工验收等。施工项目的特点是多样性、固定性及庞大性。这些特点决定了施工项目管理的特殊性——生产活动和市场交易同时进行。

3）施工项目管理的内容是在一个长时间进行的有序过程之中，按阶段变化。因此，管理者必须做出设计、签订合同、提出措施、进行有针对性的动态管理，并使资源优化组合，提高施工效率和效益。

4）施工项目管理要求强化组织协调工作。

由于产品的单件性，对产生的问题难以补救或者虽可补救但后果严重；由于流动性、流水作业、人员流动、工期长、需要资源多，以及施工活动涉及的复杂经济、技术、法律、行政和人际关系等。故施工项目管理中协调工作最为艰难、复杂、多变，必须通过强化组织协调的办法才能保证施工顺利进行。

三、施工项目管理的目标

由于施工方是受业主方的委托承担工程建设任务，施工方必须树立服务观念，为项目建设服务，为业主提供建设服务；另外，合同也规定了施工方的任务和义务，施工方作为项目建设的一个重要参与方，其项目管理不仅应服务于施工方本身的利益，也必须服务于项目的整体利益。项目的整体利益和施工方本身的利益是对立统一关系，两者有其统一的一面，也有其对立的一面。

施工方项目管理的目标应符合合同的要求，它包括：①施工的安全管理目标；②施工的成本目标；③施工的进度目标；④施工的质量目标。

如果采用工程施工总承包模式或工程施工总承包管理模式，施工总承包方或施工总承包管理方必须按工程合同规定的工期目标和质量目标完成建设任务。施工总承包方或施工总承包管理方的成本目标是由施工企业根据其生产和经营的情况自行确定的。分包方则必须按工程分包合同规定的工期目标和质量目标完成建设任务，分包方的成本目标是该施工企业内部自行确定的。

（1）施工方作为项目建设的一个参与方，其项目管理主要服务于项目的整体利益和施工方本身的利益，其项目管理的目标包括施工的成本目标、施工的进度目标和施工的质量目标。

（2）施工方的项目管理工作主要在施工阶段进行，但它也涉及设计准备阶段、设计阶段、动用前准备阶段和保修期。在工程实践中，设计阶段和施工阶段往往是交叉的，因此施工方的项目管理工作也涉及设计阶段。

（3）施工阶段项目管理的任务，就是通过施工生产要素的优化配置和动态管理，以实现施工项目的质量、成本、工期和安全的管理目标。

四、施工项目管理的任务

1. 施工项目管理的任务

（1）施工安全管理。

（2）施工成本控制。

（3）施工进度控制。

（4）施工质量控制。

（5）施工合同管理。

（6）施工信息管理。

（7）与施工有关的组织与协调。

施工方是承担施工任务的单位的总称，它可能是施工总承包方、施工总承包管理方、分包施工方、建设项目总承包的施工任务执行方，或仅提供施工劳务的参与方。当施工方担任的角色不同，其项目管理的任务和工作重点也会有差异。

2. 施工总承包方的管理任务

施工总承包方对所承包的建设工程承担施工任务的执行和组织的总的责任，它的主要管理任务如下：

（1）负责整个工程的施工安全、施工总进度控制、施工质量控制和施工的组织等。

（2）控制施工的成本（这是施工总承包方内部的管理任务）。

（3）施工总承包方是工程施工的总执行者和总组织者，它除了完成自己承担的施工任务以外，还负责组织和指挥它自行分包的分包施工单位和业主指定的分包施工单位的施工，并为分包施工单位提供和创造必要的施工条件。

（4）负责施工资源的供应组织。

（5）代表施工方与业主方、设计方、工程监理方等外部单位进行必要的联系和协调等。

分包施工方承担合同所规定的分包施工任务，以及相应的项目管理任务。若采用施工总承包或施工总承包管理模式，分包方（不论是一般的分包方，或由业主指定的分包方）必须接受施工总承包方或施工总承包管理方的工作指令，服从其总体的项目管理。

第三节　施工项目管理组织

一、组织和组织论

1. 组织的概念

“组织”有两种含义。组织的第一种含义是指组织机构。组织机构是按一定领导体制、部门设置、层次划分、职责分工、规章制度和信息系统等构成的有机整体，是社会人的结合形式，可以完成一定的任务，并为此而处理人和人、人和事、人和物的关系。组织的第二种含义是指组织行为（活动），即通过一定权力和影响力，为达到一定目标，对所需资源进行合理配置，处理人和人、人和事、人和物关系的行为（活动）。管理职能是通过两种含义的有机结合而产生和起作用的。

2. 组织的职能

组织的职能是项目管理基本职能之一，其目的是通过合理设计和职权关系结构来使各方面的工作协同一致。项目管理的组织职能包括五个方面：

（1）组织设计：包括选定一个合理的组织系统，划分各部门的权限和职责，确立各种基本的规章制度。包括生产指挥系统组织设计、职能部门组织设计等。

（2）组织联系：就是规定组织机构中各部门的相互关系，明确信息流通和信息反馈的渠道，以及它们之间的协调原则和方法。

（3）组织运行：就是按分担的责任完成各自的工作，规定各组织机构的工作顺序和业务管理活动的运行过程。组织运行要抓好三个关键性问题，一是人员配置；二是业务交圈；三是信息反馈。

（4）组织行为：就是指应用行为科学、社会学及社会心理学原理来研究、理解和影响组织中人们的行为、言语、组织过程、管理风格以及组织变更等。

（5）组织调整：就是指根据工作的需要，环境的变化，分析原有的项目组织系统的缺陷、适应性和效率性，对原组织系统进行调整和重新组合，包括组织形式的变化、人员的变动、规章制度的修订或废止、责任系统的调整以及信息流通系统的调整等。

3. 组织论的基本内容

（1）组织论主要研究系统的组织结构模式和组织分工，以及工作流程组织，它是与项目管理学相关的一门非常重要的基础理论学科。组织论的三个重要的组织工具——项目结构图、组织结构图和合同结构图，如图 2-34、图 2-35 所示。

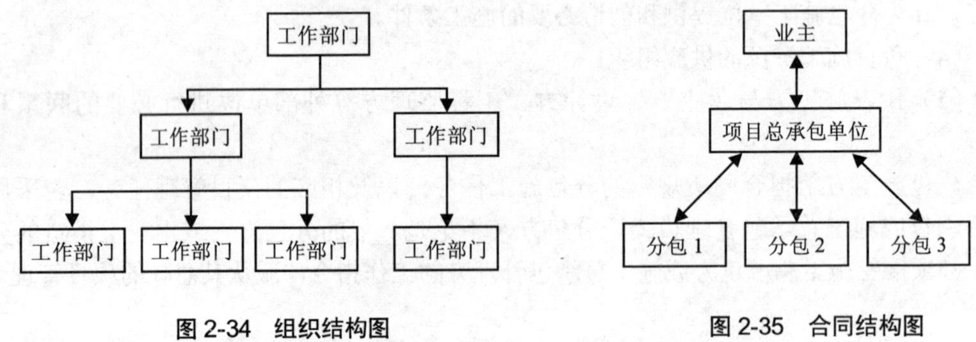

图 2-34　组织结构图　　图 2-35　合同结构图

（2）常用的组织结构模式包括职能组织结构、线性组织结构和矩阵组织结构等。职能组织结构是一种传统的组织结构模式，如图 2-36 所示。

在职能组织结构中，每一个工作部门可能有多个矛盾的指令源。

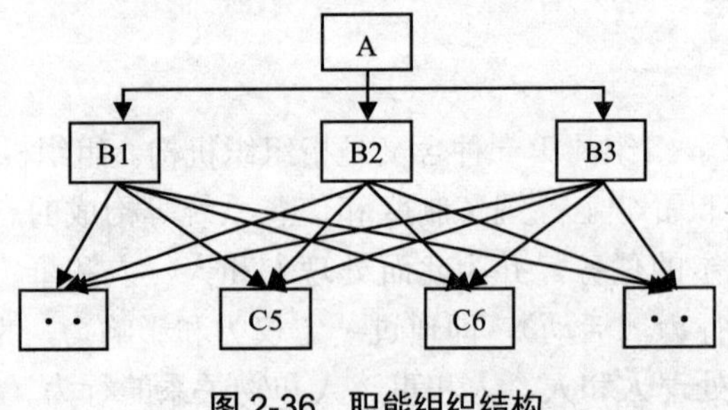

图 2-36　职能组织结构

在线性组织结构中，如图 2-37 所示，每一个工作部门只有一个指令源，避免了由于矛盾的指令而影响组织系统的运行。但在一个大的组织系统中，由于线性组织系统的指令路径过长，会造成组织系统运行的困难。矩阵组织结构是一种较新型的组织结构模式。

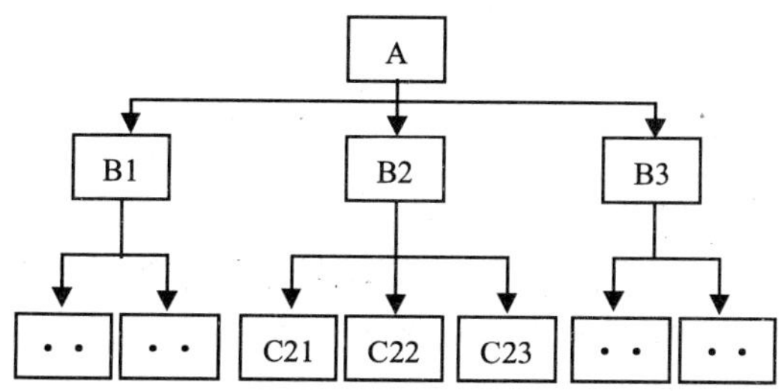

图 2-37 线性组织结构

矩阵组织结构设纵向和横向两种不同类型的工作部门，在矩阵组织结构中，指令来自于纵向和横向工作部门，因此其指令源有两个。矩阵组织结构适用于大的组织系统。

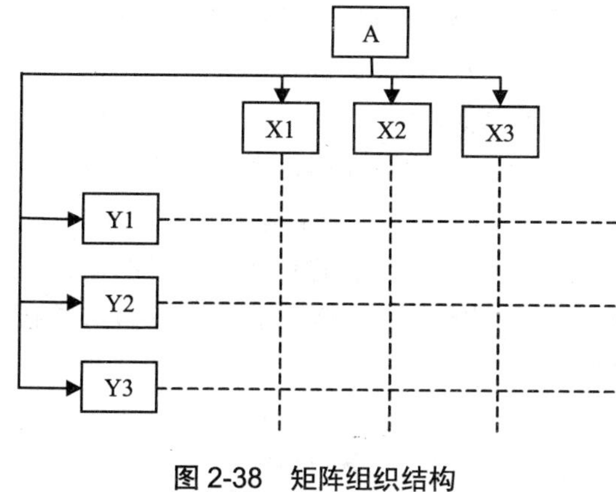

图 2-38 矩阵组织结构

这几种常用的组织结构模式都可以在企业管理和项目管理中运用。

表 2-8 常用的组织结构的特点和运用

结构模式	特点	适用
职能组织结构	传统，可能有多个矛盾的指令源	小型组织系统
线性组织结构	来自于军事，只有一个指令源。在大的组织系统中，指令路径有时过长	中型组织系统
矩阵组织结构	较新型，指令源有两个	大型组织系统

（3）组织结构模式反映了一个组织系统中各子系统之间或各元素（各工作部门）之间的指令关系。组织分工反映了一个组织系统中各子系统或各元素的工作任务分工和管理职能分工。组织结构模式和组织分工都是一种相对静态的组织关系。

（4）工作流程组织可反映一个组织系统中各项工作之间的逻辑关系，是一种动态关系。在一个建设工程项目实施过程中，其管理工作的流程、信息处理的流程，以及设计工作、物资采购和施工的流程组织都属于工作流程组织的范畴。

二、项目的结构分析

1. 项目组织结构图

（1）对一个项目的组织结构进行分解，并用图的方式表示，就形成项目组织结构图，如图 2-39 所示，或称项目管理组织结构图。项目组织结构图反映一个组织系统（如项目管理班子）中各子系统之间和各元素（如各工作部门）之间的组织关系，反映的是各工作单位、各工作部门和各工作人员之间的组织关系。而项目结构图描述的是工作对象之间的关系。对一个稍大一些的项目的组织结构应该进行编码，它不同于项目结构编码，但两者之间也会有一定的联系。

（2）一个建设工程项目的实施除了业主方外，还有许多单位参加，如设计单位、施工单位、供货单位和工程管理咨询单位以及有关的政府行政管理部门等，项目组织结构图应注意表达出业主方以及项目的参与单位等有关的各工作部门之间的组织关系。

（3）业主方、设计方、施工方、供货方和工程管理咨询方的项目管理的组织结构都可用各自的项目组织结构图予以描述。

（4）项目组织结构图应反映项目经理和费用（投资或成本）控制、进度控制、质量控制、合同管理、信息管理和组织与协调等主管工作部门或主管人员之间的组织关系。

一些居住建筑开发项目，可根据建设的时间对项目的结构进行逐层分解，如第一期工程、第二期工程、第三期工程等。而一些工业建设项目往往按其生产子系统的构成对项目的结构进行逐层分解。

同一个建设工程项目可有不同的项目结构的分解方法，项目结构的分解应和整个工程实施的部署相结合，并和将采用的合同结构相结合。

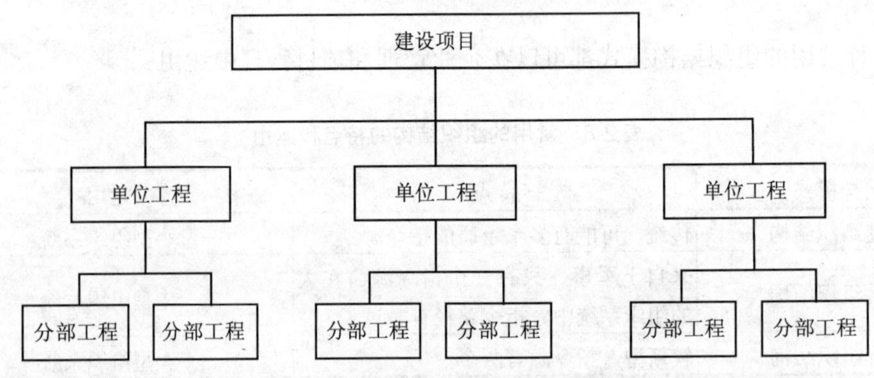

图 2-39 项目组织结构图

项目结构分解并没有统一的模式，但应结合项目的特点并参考以下原则进行：

（1）考虑项目进展的总体部署；

（2）考虑项目的组成；

（3）有利于项目实施任务（设计、施工和物资采购）的发包和有利于项目实施任务的进行，并结合合同结构；

（4）有利于项目目标的控制；

（5）结合项目管理的组织结构等。

以上所列举的都是群体工程的项目结构分解，单体工程如有必要（如投资、进度和质量控制的需要）也应进行项目结构分解。如一栋高层办公大楼可分解为：

（1）地下工程；

（2）裙房结构工程；

（3）高层主体结构工程；

（4）建筑装饰工程；

（5）幕墙工程；

（6）建筑设备工程（不包括弱电工程）；

（7）弱电工程；

（8）室外总体工程等。

2. 项目结构的编码

一个建设工程项目有不同类型和不同用途的信息，为了有组织地存储信息、方便信息的检索和信息的加工整理，必须对项目的信息进行编码，包括：

（1）项目的结构编码；

（2）项目管理组织结构编码；

（3）项目的政府主管部门和各参与单位编码（组织编码）；

（4）项目实施的工作项编码（项目实施的工作过程的编码）；

（5）项目的投资项编码（业主方）/成本项编码（施工方）；

（6）项目的进度项（进度计划的工作项）编码；

（7）项目进展报告和各类报表编码；

（8）合同编码；

（9）函件编码；

（10）工程档案编码等。

以上这些编码是因不同的用途而编制的，如：投资项编码（业主方）/成本项编码（施工方）服务于投资控制工作/成本控制工作；进度项编码服务于进度控制工作。

项目结构的编码依据项目的结构图，对项目结构的每一层的每一个组成部分进行编码。项目结构的编码和用于投资控制、进度控制、质量控制、合同管理和信息管理等管理工作的编码有紧密的有机联系，但它们之间又有区别。项目结构图和项目结构的编码是编制上述其他编码的基础。

三、施工项目管理组织的概念

施工项目管理组织，是指为进行施工项目管理、实现组织职能而进行组织系统的设计与建立、组织运行和组织调整三个方面。组织系统的设计与建立，是指经过筹划、设计，建成一个可以完成施工项目管理任务的组织机构，建立必要的规章制度，划分并明确岗位、层次、部门的责任和权力，建立和形成管理信息系统及责任分担系统，并通过一定岗位和部门内人员的规范化的活动和信息流通实现组织目标。

施工项目管理组织机构与企业管理组织机构是局部与整体的关系。组织机构设置的目的是为了进一步充分发挥项目管理功能，提高项目整体管理效率，以达到项目管理的最终目标。因此，企业在推行项目管理中合理设置项目管理组织机构是一个至关重要的问题。高效率的组织体系和组织机构的建立是施工项目管理成功的组织保证。

四、施工项目管理组织结构的形式

组织形式亦称组织结构的类型，是指一个组织以什么样的结构方式去处理层次、跨度、部门设置和上下级关系。

施工项目组织的形式与企业的组织形式是不可分割的。加强施工项目管理就必须进行企业管理体制和内部配套改革。通常施工项目的组织形式有以下几种：

1. 工作队式项目组织

（1）特征：

1）项目经理在企业内招聘或抽调职能人员组成管理机构（工作队），由项目经理指挥，独立性大。

2）项目管理班子成员在工程建设期间与原所在部门要断绝领导与被领导关系。原单位负责人员负责业务指导及考察，但不能随意干预其工作或调回人员。

3）项目管理组织与项目同寿命。项目结束后机构撤销，所有人员仍回原所在部门和岗位。

（2）适用范围：这是按照对象原则组织的项目管理机构，可独立地完成任务。企业职能部门处于服从地位，只提供一些服务。这种项目组织类型适用于大型项目、工期要求紧迫的项目、要求多工种多部门密切配合的项目。因此，它要求项目经理素质要高，指挥能力要强，有快速组织队伍及善于指挥来自各方人员的能力。

（3）优点：

1）项目经理从职能部门抽调或招聘的是一批专家，他们在项目管理中配合，协同工作，可以取长补短，有利于培养一专多能的人才并充分发挥其作用。

2）各专业人才集中在现场办公，减少了扯皮和等待时间，办事效率高，解决问题快。

3）项目经理权力集中，运权的干扰少，故决策及时，指挥灵便。

4）由于减少了项目与职能部门的结合部，项目与企业的结合部关系弱化，故易于协调关系，减少了行政干预，使项目经理的工作易于开展。

5）不打乱企业的原建制，传统的直线职能制组织仍可保留。

（4）缺点：

1）各类人员来自不同部门，具有不同的专业背景，互相不熟悉，难免配合不力。

2）各类人员在同一时期内所担负的管理工作任务可能有很大差别，因此很容易产生忙闲不均，可能导致人员浪费。特别是对稀缺专业人才，难以在企业内调剂使用。

3）职工长期离开原单位，即离开了自己熟悉的环境和工作配合对象，容易影响其积极性的发挥。而且由于环境变化，容易产生不适感和不满情绪。

4）职能部门的优势无法发挥作用。由于同一部门人员分散，交流困难，也难以进行有效的培养、指导，削弱了职能部门的工作。当人才紧缺而同时又有多个项目需要按这一形式组织时，或者对管理效率有很高要求时，不宜采用这种项目组织类型。

2. 部门控制式项目组织

（1）特征：这是按职能原则建立的项目组织。它并不打乱企业现行的建制，把项目委托给企业某一专业部门或委托给某一施工队，由被委托的部门（施工队）领导，在本单位选人组合负责实施项目组织，项目终止后恢复原职。

（2）适用范围：这种形式的项目组织一般适用于小型的、专业性较强的、不需涉及众多部门的施工项目。

（3）优点：

1）人才作用发挥较充分。这是因为由熟人组合办熟悉的事，人事关系容易协调。

2）从接受任务到组织运转启动，时间短。

3）职责明确，职能专一，关系简单。

4）项目经理无须专门训练便容易进入状态。

（4）缺点：

1）不能适应大型项目管理需要，而真正需要进行施工项目管理的工程正是大型项目。

2）不利于对计划体系下的组织体制（固定建制）进行调整。

3）不利于精简机构。

3．矩阵制项目组织

（1）特征：

1）项目组织机构与职能部门的结合部同职能部门数相同。多个项目与职能部门的结合部呈矩阵状。

2）把职能原则和对象原则结合起来，既发挥职能部门的纵向优势，又发挥项目组织的横向优势。

3）专业职能部门是永久性的，项目组织是临时性的。职能部门负责人对参与项目组织的人员有组织调配、业务指导和管理考察的权力。项目经理将参与项目组织的职能人员在横向上有效地组织在一起，为实现项目目标协同工作。

4）矩阵中的每个成员或部门，接受原部门负责人和项目经理的双重领导。但部门的控制力大于项目的控制力。部门负责人有权根据不同项目的需要和忙闲程度，在项目之间调配本部门人员。一个专业人员可能同时为几个项目服务，特殊人才可充分发挥作用，免得人才在一个项目中闲置又在另一个项目中短缺，大大提高人才利用率。

5）项目经理对“借”到本项目经理部来的成员，有权控制和使用。当感到人力不足或某些成员不得力时，他可以向职能部门求援或要求调换，辞退回原部门。

6）项目经理部的工作有多个职能部门支持，项目经理没有人员包袱。但要求在水平方向和垂直方向有良好的信息沟通及良好的协调配合，对整个企业组织和项目组织的管理水平和组织渠道畅通提出了较高的要求。

（2）适用范围：

1）适用于平时承担多个需要进行项目管理工程的企业。在这种情况下，各项目对专业技术人才和管理人员都有需求，加在一起数量较大。采用矩阵制组织可以充分利用有限的人才对多个项目进行管理，特别有利于发挥稀有人才的作用。

2）适用于大型、复杂的施工项目。因大型复杂的施工项目要求多部门、多技术、多工种配合实施，在不同阶段，对不同人员，有不同数量和搭配各异的需求。显然，部门控制式机构难以满足这种项目要求；混合工作队式组织又因人员固定而难以调配，人员使用固化，不能满足多个项目管理的人才需求。

（3）优点：

1）它兼有部门控制式和工作队式两种组织的优点，即解决了传统模式中企业组织和项目组织相互矛盾的状况，把职能原则与对象原则融为一体，求得了企业长期例行性管理和项目一次性管理的一致性。

2）能以尽可能少的人力，实现多个项目管理的高效率。理由是通过职能部门的协调，一些项目上的闲置人才可以及时转移到需要这些人才的项目上去，防止人才短缺，项目组织因此具有弹性和应变力。

3）有利于人才的全面培养。可以便于不同知识背景的人在合作中相互取长补短，在实践中拓宽知识面；发挥了纵向的专业优势，可以使人才成长有深厚的专业基础。

（4）缺点：

1）由于人员来自职能部门，且仍受职能部门控制，故凝聚在项目上的力量减弱，往往使项目组织的作用发挥受到影响。

2）管理人员如果身兼多职地管理多个项目，便往往难以确定管理项目的优先顺序，有时难免顾此失彼。

3）双重领导。项目组织中的成员既要接受项目经理的领导，又要接受企业中原职能部门的领导。在这种情况下，如果领导双方意见和目标不一致乃至有矛盾时，当事人便无所适从。要防止这一问题产生，必须加强项目经理和部门负责人之间的沟通，还要有严格的规章制度和详细的计划，使工作人员尽可能明确在不同时间内应当干什么工作。

4）矩阵制组织对企业管理水平、项目管理水平、领导者的素质、组织机构的办事效率、信息沟通渠道的畅通，均有较高要求，因此要精于组织，分层授权，疏通渠道，理顺关系。由于矩阵制组织的复杂性和结合部多，造成信息沟通量膨胀和沟通渠道复杂化，致使信息梗阻和失真。于是，要求协调组织内部的关系时必须有强有力的组织措施和协调办法以排除难题。为此，层次、职责、权限要明确划分。有意见分歧难以统一时，企业领导要出面及时协调。

4. 事业部制项目组织

（1）特征：

1）企业成立事业部，事业部对企业来说是职能部门，对企业来说享有相对独立的经营权，可以是一个独立单位。事业部可以按地区设置，也可以按工程类型或经营内容设置。事业部能较迅速地适应环境变化，提高企业的应变能力，调动部门积极性。当企业向大型化、智能化发展并实行作业层和经营管理层分离时，事业部制是一种很受欢迎的选择，它既可以加强经营战略管理，又可以加强项目管理。

2）在事业部（一般为其中的工程部或开发部，对外工程公司为海外部）下边设置项目经理部。项目经理由事业部选派，一般对事业部负责，有的可以直接对业主负责，根据其授权程度决定。

（2）适用范围：事业部制项目组织适用于大型经营性企业的工程承包，特别是适用于远离公司本部的工程承包。需要注意的是，一个地区只有一个项目，没有后续工程时，不宜设立地区事业部，也即它适用于在一个地区内有长期市场或一个企业有多种专业化施工力量时采用。在此情况下，事业部与地区市场同寿命。地区没有项目时，该事业部应予撤销。

（3）优点：事业部制项目组织有利于延伸企业的经营职能，扩大企业的经营业务，便于开拓企业的业务领域，还有利于迅速适应环境变化以加强项目管理。

（4）缺点：按事业部制建立项目组织，企业对项目经理部的约束力减弱，协调指导的机会减少，故有时会造成企业结构松散，必须加强制度约束，加大企业的综合协调能力。

五、施工项目管理组织机构的作用

1．组织机构是施工项目管理的组织保证

项目经理在启动项目实施之前，先要做组织准备，建立一个能完成管理任务、令项目经理指挥灵便、运转自如、效率很高的项目组织机构——项目经理部，其目的就是为了提供进行施工项目管理的组织保证。一个好的组织机构，可以有效地完成施工项目管理目标，有效地应付环境的变化，有效地供给组织成员生理、心理和社会需要，形成组织力，使组织系统正常运转，产生集体思想和集体意识，完成项目管理任务。

2．形成一定的权力系统以便进行集中统一指挥

权力由法定和拥戴产生。“法定”来自于授权；“拥戴”来自于信赖。法定或拥戴都会产生权力和组织力。组织机构的建立，首先是以法定的形式产生权力。权力是工作的需要，是管理地位形成的前提，是组织活动的反映。没有组织机构，便没有权力，也没有权力的运用。权力取决于组织机构内部是否团结一致，越团结，组织就越有权力、越有组织力。所以，施工项目组织机构的建立要伴随着授权，以便权力的使用能够实现施工项目管理的目标。要合理分层，层次多，权力分散；层次少，权力集中。要在规章制度中把施工项目管理组织的权力阐述明白，固定下来。

3．形成责任制和信息沟通体系

责任制是施工项目组织中的核心问题。没有责任也就不成其为项目管理机构，也就不存在项目管理。一个项目组织能否有效地运转，取决于是否有健全的岗位责任制。施工项目组织的每个成员都应肩负一定责任，责任是项目组织对每个成员规定的一部分管理活动和生产活动的具体内容。

综上所述，组织机构非常重要，在项目管理中是一个焦点。

第四节　施工项目进度管理

进度是指某项工作进行的速度，工程进度即为工程进行的速度。工程进度计划是指根据已批准的建设文件或签订的承发包合同，将工程项目的建设进度做出周密的安排。

一、工程进度计划的分类

工程进度计划有着不同的分类依据。

1．根据工程建设的参与者来分

参与工程建设的每一个单位均要编制和自己任务相适应的进度计划。根据工程进度管理不同的需要和不同的用途，业主方和其他参与方可以构建多个不同的工程进度计划系统。由不同参与方的计划构成进度计划系统，如业主方编制的整个工程实施的进度计划、承包商编制的工程施工计划等。

2. 根据工程项目的实施阶段来分

根据工程项目的实施阶段，工程项目的进度计划可以分为：

（1）设计进度计划：设计进度计划是对设计阶段进度安排的计划。

（2）施工进度计划：施工阶段是进度管理的“操作过程”，要严格按计划进度实施，对造成计划偏离的各种干扰因素予以排除，保证进度目标实现。

（3）物资设备供应进度计划。

其中，施工进度计划，可按实施阶段分解为逐年、逐季、逐月等不同阶段的进度计划；也可按项目的结构分解为单位（项）工程、分部分项工程的进度计划等，如图 2-40 所示。

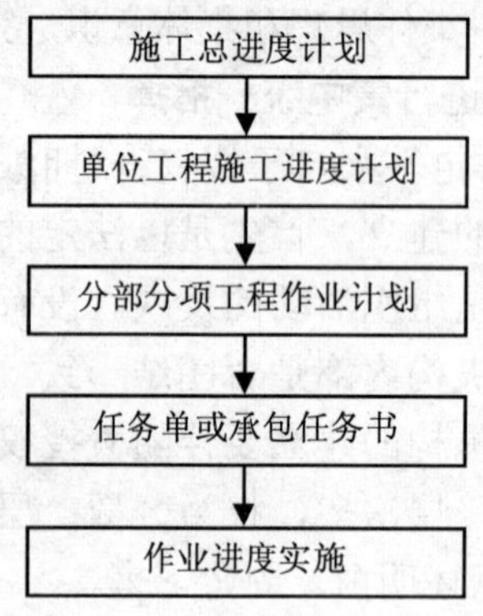

图 2-40 进度计划分解示意图

二、工程工期

工程工期的概念有别于工程进度，工程工期是指工程从开工至竣工所经历的时间（所经历的施工期限）。工程工期一般按日历月计算，有明确的起止年月。工程工期又可以分为定额工期、计算工期与合同工期。

1. 定额工期

定额工期指在平均的建设管理水平、施工工艺和机械装备水平及正常的建设条件（自然的、社会经济的）下，工程从开工到竣工所经历的时间。定额工期是计算与确定工程工期的参考依据，它体现的是社会平均水平的工期消耗。

2. 计算工期

计算工期指根据项目方案具体的工艺、组织、管理等方面情况，排定网络计划后，根据网络计划所计算出的工期，一般用 TC 表示。计划工期体现的是项目自身水平的工期消耗，而且可以对其进行优化。

3. 合同工期

合同工期指业主与承包商签订的合同中确定的承包商完成所承包项目的工期，也即业主对项目工期的期望，一般用 T_p 表示。合同工期的确定可参考定额工期或计划工期，也可根据投产计划来确定。广义的合同工期还应考虑因工程内容或工程量的变化、自然条件不利的变化、业主违约及应由业主承担的风险等不属于承包人责任事件的发生，且经过监理工程师发布变更指令或批准承包人的工期索赔要求，而允许延长的天数。

三、影响进度管理的因素

工程进度管理是一个动态过程，影响因素多，风险大，应认真分析和预测，合理采取措施，在动态管理中实现进度目标。影响工程进度管理的因素如下：

（1）业主：业主提出的建设工期目标的合理性、业主在资金及材料等方面的供应进度、业主各项准备工作的进度和业主项目管理的有效性等均影响着建设项目进度控制。

（2）勘察设计单位：其影响因素包括：勘察设计目标的确定、可投入的力量及其工作效率、各专业设计的配合，以及业主和设计单位的配合等。

（3）承包人：其影响因素包括：施工进度目标的确定、施工组织设计编制、投入的人力及施工设备的规模，以及施工管理水平等。

（4）建设环境：其影响因素包括：建筑市场状况、国家财政经济形势、建设管理体制、当地施工条件（气象、水文、地形、地质、交通、建筑材料供应）等。

上述多方面的因素是客观存在的，但有许多是人为的，是可以预测和控制的，参与工程建设各方要加强对各种影响因素的控制，确保进度管理目标的实现。

第五节　施工项目进度控制

一、概念

施工项目进度控制是指在编制施工进度计划的基础上，将该计划付诸实施，在实施的过程中经常检查实际进度是否按计划要求进行，如有偏差，则分析产生偏差的原因，采取补救措施或调整、修改原计划，直至工程竣工。进度控制的最终目的是确保项目施工目标的实现，施工进度控制的总目标是建设工期。

工程施工的进度，受许多因素的影响，需要事先对影响进度的各种因素进行调查，预测它们对进度可能产生的影响，编制科学合理的进度计划，指导建设工作按计划进行。然后根据动态控制原理，不断进行检查，将实际情况与计划安排进行对比，找出偏离计划的原因，特别是找出主要原因，采取相应的措施，对进度进行调整或修正，再按新的计划实施，这样不断地计划、执行、检查、分析、调整计划的动态循环过程，就是进度控制。进度控制的主要环节包括进度检查、进度分析和进度的调整等。

二、影响施工项目进度的因素

由于施工项目具有规模大、周期长、相关单位多等特点，因而影响进度的因素很多。从产生的根源看，有来源于业主及上级机构；有来源于设计、施工及供货单位；有来源于政府、建设部门、有关协作单位和社会；也有来源于监理单位本身。归纳起来，这些因素包括以下几方面：

（1）人的干扰因素：如因业主使用要求的改变而引起的设计变更；业主应提供的场

地条件不及时或不能满足工程需要；勘察资料不准确，特别是地质资料错误或遗漏而引起的不能预料的技术障碍；设计、施工中采用不成熟的工艺或技术方案失当；图纸供应不及时、不配套或出现差错；计划不周，导致停工待料和相关作业脱节，工程无法正常进行；业主越过监理职权进行干涉，造成指挥混乱等。

（2）材料、机具、设备干扰因素：如材料、构配件、机具、设备供应环节的差错，品种、规格、数量、时间不能满足工程的需要等。

（3）地基干扰因素：如受地下埋藏文物的保护、处理的影响。

（4）资金干扰因素：如业主资金方面的问题，未及时向施工单位或供应商拨款等。

（5）环境干扰因素：如交通运输受阻，水、电供应不具备；外单位临近工程施工干扰，节假日交通、市容整顿的限制；向有关部门提出各种申请审批手续的延误；安全、质量事故的调查、分析、处理及争端的调解、仲裁；恶劣天气、地震、临时停水、停电、交通中断、社会动乱等。

受以上因素影响，工程会产生延期和延误。工程延误是指由于承包商自身的原因造成工期延长，其一切损失由承包商自己承担。同时，业主还有权对承包商实行违约误期罚款。工程延期是指由于承包商以外的原因造成的工期延长，经监理工程师批准的工程延期。所延长的时间属于合同工期的一部分，承包商不仅有权要求延长工期，而且还有向业主提出赔偿的要求，以弥补由此造成的额外损失。

三、施工项目进度控制的方法和措施

（一）施工项目进度控制的主要方法

1．行政方法

用行政方法控制进度，是指上级单位及上级领导人、本单位领导层及领导人，利用其行政地位和权力，通过发布进度指令，进行指导、协调、考核，利用激励、监督、督促等方式进行进度控制。

使用行政方法进行进度控制，优点是直接、迅速、有效，但应当注意其科学性，防止武断、主观、片面的瞎指挥。

行政方法应结合政府监理开展工作，指令要少些，指导要多些。

行政方法控制进度的重点应是进度控制目标的决策或指导，在实施中应尽量让实施者自己进行控制，尽量少进行行政干预。

国家通过行政手段审批项目建设和可行性研究报告，对重大项目或大中型项目的工期进行决策，批准年度基本建设计划，制定工期定额并督促其贯彻、实施，招投标办公室批准标底文件中的开竣工日期及总工期等，都是行之有效的控制进度的行政方法。实施单位应执行正确的行政控制措施。

2．经济方法

进度控制经济方法，是指用经济类的手段对进度控制进行影响和制约。

在承发包合同中有有关工期和进度的条款。建设单位通过“工期提前奖励”和“工期延期罚款”的办法实施进度控制，也通过物资的供应数量和进度实施进行控制。

施工企业内部也可以通过奖励或惩罚的经济手段进行施工项目进度控制。

3. 管理技术方法

进度控制的管理技术方法是指通过各种计划的编制、优化、实施、调整而实现进度控制的方法，包括：流水作业方法、科学排序方法、网络计划方法、滚动计划方法、电子计算机辅助进度管理等。

（二）施工项目进度控制的措施

进度控制的措施包括组织措施、技术措施、经济措施和合同措施等。

1. 组织措施

进度控制的组织措施主要包括：

（1）建立进度控制小组，将进度控制任务落实到个人。

（2）建立进度报告制度和进度信息沟通网络。

（3）建立进度协调会议制度。

（4）建立进度计划审核制度。

（5）建立进度控制检查制度和调度制度。

（6）建立进度控制分析制度。

（7）建立图纸审查、及时办理工程变更和设计变更手续的措施。

2. 技术措施

进度控制的技术措施主要包括：

（1）采用多级网络计划技术和其他先进适用的计划技术。

（2）组织流水作业，保证作业连续、均衡、有节奏。

（3）缩短作业时间、减少技术间歇的技术措施。

（4）采用电子计算机控制进度的措施。

（5）采用先进高效的技术和设备。

3. 经济措施

进度控制的经济措施主要包括：

（1）对工期缩短给予奖励。

（2）对应急赶工给予优厚的赶工费。

（3）对拖延工期给予罚款、收取赔偿金。

（4）提供资金、设备、材料、加工订货等供应时间的保证措施。

（5）及时办理预付款及工程进度款的支付手续。

（6）加强索赔管理。

4. 合同措施

进度控制的合同措施包括：

（1）加强合同管理，加强组织、指挥、协调，以保证合同进度目标实现。

（2）严格控制合同变更内容，对各方提出的工程变更内容和设计变更内容，经监理工程师严格审查后补入合同文件里。

（3）加强风险管理，在合同中充分考虑风险因素及其对进度的影响、处理办法等。

第六节 施工项目成本控制

一、施工项目成本控制的概念

成本控制是在项目成本的形成过程中，对生产经营所消耗的人力资源、物质资源和费用开支，进行指导、监督、调节和限制，及时纠正将要发生和已经发生的偏差，把各项生产费用，控制在计划成本的范围之内，以保证成本目标的实现。成本控制最核心的内容是及时的信息反馈和纠偏。

目前在建的大多数施工项目，其成本目标有企业下达或目标责任书规定的，也有项目自行制定的。但这些成本目标，一般只有一个成本降低率或降低额，即使加以分解，也不过是相对明细的降本指标而已，难以具体落实，以致目标管理往往流于形式，无法发挥控制成本的作用。因此，项目经理部必须以成本目标为依据，联系施工项目的具体情况，制订详细而又具体的成本计划，使之成为“看得见、摸得着、能操作”的实施性文件。这种成本计划，应该包括每一个分部分项工程的资源消耗水平，以及每一项技术组织措施的具体内容和节约数量（金额），既可以指导项目管理人员有效地进行成本控制，又可以作为企业对项目成本检查考核的依据。

由建筑企业的行业性质所决定，项目管理是一次性行为，它的管理对象只有一个工程项目，且将随着项目建设的完成而结束其历史使命。在施工期间，项目成本能否降低，有无经济效益，得失在此一举，别无回旋余地，有很大的风险性。为了确保项目成本必盈不亏，成本控制不仅必要，而且必须做好。

研究施工项目成本控制的目的，在于降低项目成本，提高经济效益。然而应当明确的是，项目成本的降低，除了控制成本支出以外，还必须增加收入。因为，只有在增加收入的同时节约支出，才能提高施工项目成本的降低水平。增加工程预算收入也是施工项目降低成本的主要来源。

二、施工项目成本控制的组织

成本控制，并不是人们经常认为的那样，是专业成本员的责任，事实上所有的项目管理人员，特别是项目经理和施工员，都要按照自己的业务分工各负其责。成本控制的绝大多数工作，都与施工方案、施工组织计划、质量和进度密切相关。所以，要如此强调成本控制的全员参与，一方面，是因为成本指标的重要性，是诸多经济指标中的必要指标之一；另一方面，还在于成本指标的综合性和群众性，既要依靠各部门、各单位的共同努力，又要由各部门、各单位共享降低成本的成果。为了保证项目成本控制工作的顺利进行，需要把所有参加项目建设的人员组织起来，并按照各自的分工开展工作。

（一）建立以项目经理为核心的项目成本控制体系

项目经理责任制，是项目管理的特征之一。实行项目经理责任制，就是要求项目经理对项目建设的进度、质量、成本、安全和现场管理标准化等全面负责，特别要把成本控制放在首位，因为成本失控，必然影响项目的经济效益，难以完成预期的成本目标，更无法向职工交代。

（二）建立项目成本管理责任制

项目管理人员的成本责任，不同于工作责任。有时工作责任已经完成，甚至还完成得相当出色，但成本责任却没有完成。例如，项目工程师贯彻工程技术规范认真负责，对保证工程质量起了积极的作用，但往往强调了质量，忽视了节约，影响了成本；又如，材料员采购及时，供应到位，配合施工得力，值得赞扬。但在材料采购时就远不就近、就次不就好、就高不就低，既增加了采购成本，又不利于工程质量。因此，应该在原有职责分工的基础上，还要进一步明确成本管理责任，使每一个项目管理人员都有这样的认识：在完成工作责任的同时还要为降低成本精打细算，为节约成本开支严格把关。

这里所说的成本管理责任制，是指各项目管理人员在处理日常业务中对成本管理应尽的责任。要求联系实际整理成文，并作为一种制度加以贯彻。具体说明如下：

1．预算员的成本管理责任

（1）根据合同内容、预算定额和有关规定，充分利用有利因素，编好施工预算，为增收节支把好第一关。

（2）深入研究合同规定的“开口”项目，在有关项目管理人员（如项目工程师、材料员等）的配合下，努力增加工程收入。

（3）收集工程变更资料（包括工程变更通知单、技术核定单和按实结算的资料等），及时办理增加账，保证工程收入，及时收回垫付的资金。

（4）参与对外经济合同的谈判和决策，以施工图预算和增加账为依据，严格控制经济合同的数量、单价和金额，切实做到“以收定支”。

2．施工员的成本管理责任

（1）根据施工现场的实际情况，合理规划施工现场平面布置（包括机械布局，材料、构件的堆放场地、车辆进出现场的运输道路，临时设施的搭建数量和标准等），为文明施工，减少浪费创造条件。

（2）严格执行工程技术规范和以预防为主的方针，确保工程质量，减少零星修补，消灭质量事故，不断降低质量成本。

（3）根据工程特点和设计要求，运用自身的技术优势，采取实用、有效的技术组织措施和合理化建议，走技术和经济相结合的道路，为提高项目经济效益开拓新的途径。

（4）严格执行安全操作规程，减少一般安全事故，消灭重大人身伤亡事故和设备事故，确保安全生产，将事故减少到最低限度。

3．材料员的成本管理责任

（1）材料采购和构件加工，要选择质高、价低、运距短的供应（加工）单位。对到场的材料、构件要正确计量、认真验收，如遇质量差、量不足的情况，要进行索赔。切实做到：一要降低材料、构件的采购（加工）成本；二要减少采购（加工）过程中的管理消耗，为降低材料成本走好第一步。

（2）根据项目施工的计划进度，及时组织材料、构件的供应，保证项目施工的顺利进行，防止因停工待料造成的损失。在构件加工的过程中，要按照施工顺序组织配套供应，以免因规格不齐造成施工间隙，浪费时间，浪费人力。

（3）在施工过程中，严格执行限额领料制度，控制材料消耗；同时，还要做好余料的回收和利用，为考核材料的实际消耗水平提供正确的依据。

（4）钢管脚手架和钢模板等周转材料，进出现场都要认真清点，正确核实并减少赔偿数量；使用后，要及时回收、整理、堆放，并及时退场，既可节省租费，又有利于场地整洁；还可加速周转，提高利用效率。

（5）根据施工生产的需要，合理安排材料储备，减少资金的占用，提高资金利用效率。

4．机械管理员的成本管理责任

（1）根据工程特点和施工方案，合理选择机械的型号规格，充分发挥机械的效能，节约机械费用。

（2）按施工需要，合理安排机械施工，提高机械利用率，减少机械费成本。

（3）严格执行机械维修保养制度，加强平时的机械维修保养，保证机械完好，随时都能保持良好的状态在施工中正常运转，为提高机械作业、减轻劳动强度、加快施工进度发挥作用。

5．行政管理人员的成本管理责任

（1）根据施工生产的需要和项目经理的意图，合理安排项目管理人员和后勤服务人员，节约工资性支出。

（2）具体执行费用开支标准和有关财务制度，控制非生产性开支。

（3）管好行政办公用的财产物资，防止损坏和流失。

（4）安排好后勤服务，在勤俭节约的前提下，满足职工群众的生活需要，安心为前方生产出力。

6．财务成本员的成本管理责任

（1）按照成本开支范围、费用开支标准和有关财务制度，严格审核各项成本费用，控制成本支出。

（2）建立月度财务收支计划制度，根据施工生产的需要，平衡调度资金，通过控制资金使用，达到控制成本的目的。

（3）建立辅助记录，及时向项目经理和有关项目管理人员反馈信息，以便对资源消耗进行有效的控制。

（4）开展成本分析，特别是分部分项工程成本分析、月度成本综合分析和针对特定问题的专题分析，要做到及时向项目经理和有关项目管理人员反映情况，提出问题和解决问题的建议，以便采取针对性的措施来纠正项目成本的偏差。

（5）在项目经理的领导下，协助项目经理检查、考核各部门、各单位乃至班组责任成本的执行情况，落实责、权、利相结合的有关规定。

（三）实行对作业队分包成本的控制

1．对作业队分包成本的控制

在管理层与劳务层两层分离的条件下，项目经理部与作业队之间需要通过劳务合同建立发包与承包的关系。在合同履行过程中，项目经理部有权对作业队的进度、质量、安全和现场管理标准进行监理，同时按合同规定支付劳务费用。至于作业队成本的节约或超支，属于作业队自身的管理范畴，项目经理部无权过问，也不应该过问。这里所说的对作业队分包成本的控制，是指以下情况而言：

（1）工程量和劳动定额的控制。项目经理部与作业队的发包和承包，是以实物工程量和劳动定额为依据的。在实际施工中，由于用户需要等原因，往往会发生工程设计和施工工艺的变更，使工程数量和劳动定额与劳务合同互有出入，需要按实际情况调整承包金额。对于上述变更事项，一定要强调事先的技术签证，严格控制合同金额的增加；同时，还要根据劳务费用增加的内容，及时办理增减账，以便通过工程款结算，从甲方那里取得补偿。

（2）估点工的控制。由于建筑施工的特点，施工现场经常会有一些零星任务出现，需要作业队去完成。而这些零星任务，都是事先无法预见的，只能在劳务合同规定的定额用工以外另行估工或点工，这就会增加相应的劳务费用支出。为了控制估点工的数量和费用，可以采取以下方法：一是对工作量比较大的任务工作，通过领导、技术人员和生产骨干"三结合"讨论确定估工定额，使估点工的数量控制在估工定额的范围以内；二是按定额用工的一定比例（5%～10%）由作业队包干，并在劳务合同中明确规定。一般情况下，应以第二种方法为主。

（3）坚持奖罚分明的原则。实践证明，项目建设的速度、质量、效益，在很大程度上将取决于作业队的素质和在施工中的具体表现。因此，项目经理部除了要对作业队加强管理以外，还要根据作业队完成施工任务的业绩，对照劳务合同规定的标准，认真考核，分清优劣，有奖有罚。在掌握奖罚尺度时，首先要以奖励为主，以激励作业队的生产积极性。但对达不到工期、质量等要求的情况，也要照章罚款并赔偿损失。这是一件事情的两个方面，必须以事实为依据，才能收到相辅相成的效果。

2. 落实生产班组的责任成本

生产班组的责任成本就是分部分项工程成本。其中，实耗人工属于作业队分包成本的组成部分，实耗材料则是项目材料费的构成内容。因此，分部分项工程成本既与作业队的效益有关，又与项目成本不可分割。

生产班组的责任成本，应由作业队以施工任务单和限额领料单的形式落实给生产班组，并由作业队负责回收和结算。

签发施工任务单和限额领料单的依据为：施工预算工程量、劳动定额和材料消耗定额。在下达施工任务的同时，还要向生产班组提出进度、质量、安全和文明施工的具体要求，以及施工中应该注意的事项。以上这些，也是生产班组完成责任成本的制约条件。在任务完成后的施工任务单结算中，需要联系责任成本的实际完成情况进行综合考评。

由此可见，施工任务单和限额领料单是项目管理中最基本、最扎实的基础管理，它不仅能控制生产班组的责任成本，还能使项目建设的快速、优质、高效建筑在坚实的基础之上。

第七节 施工项目质量管理

一、质量的概念

《质量管理体系 基础和术语》(GB/T 19000—2000)标准中，质量的定义是：一组固有特性满足要求的程度。质量还包括以下含义：

(1)质量的主体是产品、体系、项目或过程，质量的客体是顾客和其他相关方。

(2)质量的关注点是一组固有的特性，而不是赋予的特性。对产品来说，如水泥的化学成分、细度、凝结时间、强度就是固有特性；对过程来说，固有特性是过程将输入转化为输出的能力；对质量管理体系来说，固有特性是实现质量方针和质量目标的能力。

(3)质量是满足要求的程度。要求包括“明示的”、“隐含的”和“必须履行的”要求和期望。“明示的”要求，是指法律、法规所规定的要求和在合同环境中，用户明确提出的需要或要求，通常是通过合同标准、规范、图纸、技术文件所做的明确规定；“隐含的”是指组织、顾客和其他相关方的惯例或一般做法，有时则应随科学技术进步和人们消费观念的变化，对变化了的需求进行识别。

(4)质量的动态性。质量要求不是固定不变的，随着技术的发展，生活水平的提高，人们对产品、项目、过程或体系会提出新的质量要求。因此，应定期评定质量要求，修订规范，不断开发新产品、改进老产品，以满足已变化的质量要求。

(5)质量的相对性。不同国家不同地区的不同项目，由于自然环境条件不同、技术发达程度不同、消费水平不同和风俗习惯不同会对产品提出不同的要求，产品应具有这种环境适应性。如销往欧洲地区的彩电要符合欧洲的电视制式、电压及电压波动范围。

对产品质量的要求，已从“满足标准规定”，发展到“让顾客满意”，再到现在的“超越顾客的期望”的新阶段。

二、质量管理的概念

《质量管理体系 基础和术语》(GB/T 19000—2000)标准中，质量管理的定义是：在质量方面指挥和控制组织的协调的活动。

质量管理的首要任务是确定质量方针、目标和职责，核心是建立有效的质量管理体系，通过具体的四项活动，即质量策划、质量控制、质量保证和质量改进，确保质量方针、目标的实施和实现。

质量管理应由项目经理负责，并要求参加项目的全体员工参与并从事质量管理活动，才能有效地实现预期的方针和目标。

三、施工项目质量的影响因素

全面质量管理体现了“预防为主”的观念，从以往的“管结果”转变为现今管影响工作质量的人、机械设备、材料、工艺方法、环境因素等。

1．人

人是质量活动的主体，在这里人是泛指与工程有关的单位、组织及个人，包括：建设单位、勘察设计单位、施工承包单位，监理及咨询服务单位，政府主管及工程质量监督、检测单位，施工项目的决策者、管理者、作业者等。

建筑业实行企业经营资质管理、市场准入制度、执业资格注册制度、持证上岗制度以及质量责任制度等。应按有关规定选择相应资质等级的勘察、设计、施工、监理等单位，并保证各类专业人员持证上岗。

人员的素质，即人的文化水平、技术水平、决策能力、管理能力、组织能力、作业能力、身体素质及职业道德等，都将直接和间接地对规划、决策、勘察、设计和施工质量产生影响，而规划是否合理、决策是否正确、设计是否符合所需要的质量功能，施工能否满足合同、规范、技术标准的需要等，都将对施工项目质量产生不同程度的影响。所以，人是影响施工项目质量的第一个重要因素。

人，作为控制的对象，要避免产生失误；作为控制的动力，要充分调动人的积极性，发挥人的主导作用。

2．材料

材料控制包括原材料、成品、半成品、构配件等的控制，主要是严格检查验收，正确合理地使用，建立管理台账，进行收、发、储、运等各环节的技术管理，避免混料和将不合格的原材料使用到工程上。

（1）材料质量控制的要点：

1）掌握材料信息，优选供货厂家。

掌握材料质量、价格、供货能力的信息，选择好供货厂家，就可获得质量好、价格低的材料资源，从而确保工程质量，降低工程造价。这是企业获得良好社会效益、经济效益、提高市场竞争能力的重要因素。材料订货时，要求厂方提供质量保证文件，用以表明提供的货物完全符合质量要求。质量保证文件的内容主要包括：供货总说明；产品合格证及技术说明书；质量检验证明；检测与试验者的资质证明；不合格品或质量问题处理的说明及证明；有关图纸及技术资料等。

对于材料、设备、构配件的订货、采购，其质量要满足有关标准和设计的要求；交货期应满足施工及安装进度计划的要求。对于大型的或重要的设备，以及大宗材料的采购，应当实行招标采购的方式；对某些材料，如瓷砖等装饰材料，订货时最好一次订齐和备足货源，以免由于分批订货而出现颜色差异、质量不一。

2）合理组织材料供应，确保施工正常进行。

合理地、科学地组织材料的采购、加工、储备、运输，建立严密的计划、调度体系，加快材料的周转，减少材料的占用量，按质、按量、如期地满足建设需要，乃是提高供应效益，确保正常施工的关键环节。

3）合理地组织材料使用，减少材料的损失。

正确按定额计量使用材料，加强运输、仓库、保管工作，加强材料限额管理和发放工作，健全现场材料管理制度，避免材料损失、变质，乃是确保材料质量、节约材料的重要措施。

4）加强材料检查验收，严把材料质量关。

① 对用于工程的主要材料，进场时必须具备正式的出厂合格证的材质化验单。如不具备或对检验证明有怀疑时，应补做检验。

② 工程中所有各种构件，必须具有厂家批号和出厂合格证。钢筋混凝土和预应力钢筋混凝土构件，均应按规定的方法进行抽样检验。由于运输、安装等原因出现的构件质量问题，应分析研究，经处理鉴定后方能使用。

③ 凡标志不清或认为质量有问题的材料；对质量保证资料有怀疑或与合同规定不符的一般材料；由于工程重要程度决定，应进行一定比例试验的材料；需要进行追踪检验，以控制和保证其质量的材料等，均应进行抽检。对于进口的材料设备和重要工程或关键施工部位所用的材料，则应进行全部检验。

④ 材料质量抽样和检验的方法，应符合有关的建筑材料质量标准与管理规程，要能反映该批材料的质量性能。对于重要构件或非匀质的材料，还应酌情增加采样的数量。

⑤ 在现场配制的材料，如混凝土、砂浆、防水材料、防腐材料、绝缘材料、保温材料等的配合比，应先提出试配要求，经试配检验合格后才能使用。

⑥ 对进口材料、设备应会同商检局检验，如核对凭证中发现问题，应取得供方和商检人员签署的商务记录，按期提出索赔。

⑦ 高压电缆、电压绝缘材料，要进行耐压试验。

5）要重视材料的使用认证，以防错用或使用不合格的材料。

① 对主要装饰材料及建筑配件，应在订货前要求厂家提供样品或看样订货；主要设备订货时，要审核设备清单，是否符合设计要求。

② 对材料性能、质量标准、适用范围和对施工要求必须充分了解，以便慎重选择和使用材料。如红色大理石或带色纹（红纹、暗红纹、金黄色纹）的大理石易风化剥落，不宜用作外装饰；外加剂木钙粉不宜用蒸汽养护；早强剂三乙醇胺不能用作抗冻剂；碎石或卵石中含有不定形二氧化硅时，将会使混凝土产生碱一骨料反应，使质量受到影响。

③ 凡是用于重要结构、部位的材料，使用时必须仔细地核对、认证，其材料的品种、规格、型号、性能有无错误，是否适合工程特点和满足设计要求。

④ 新材料应用，必须通过试验和鉴定；代用材料必须通过计算和充分的论证，并要符合结构构造的要求。

⑤ 材料认证不合格时，不许用于工程中；有些不合格的材料，如过期、受潮的水泥是否降级使用，亦须结合工程的特点予以论证，但决不允许用于重要的工程或部位。

6）现场材料应按以下要求管理：

① 入库材料要分型号、品种，分区堆放，予以标识，分别编号。

② 对易燃易爆的物资，要专门存放，有专人负责，并有严格的消防保护措施。

③ 对有防湿、防潮要求的材料，要有防湿、防潮措施，并要有标识。

④ 对有保质期的材料要定期检查，防止过期，并做好标识。

⑤ 对易损坏的材料、设备，要保护好外包装，防止损坏。

（2）材料质量控制的内容：包括材料的质量标准，材料的性能，材料取样、试验方法，材料的适用范围和施工要求等。

1）材料质量标准：材料质量标准是用以衡量材料质量的尺度，也是作为验收、检验材料质量的依据。不同材料有不同的质量标准，如水泥的质量标准有细度、标准稠度用水量、凝结时间、强度、体积安定性等。掌握材料的质量标准，就便于可靠地控制材料质量。如水泥颗粒越细，水化作用就越充分，强度就越高；初凝时间过短，不能满足施工有足够的操作时间，初凝时间过长又影响施工进度；安定性不良，会引起水泥石开裂，造成质量事故；强度达不到等级要求，直接危害结构的安全。为此，对水泥的质量控制，就是要检验水泥是否符合质量标准。

2）材料质量的检（试）验：材料质量检验的目的，是通过一系列的检测手段，将所取得的材料数据与材料质量标准相比较，借以判断质量的可靠性，能否使用于工程中；同时，还有利于掌握材料信息。

材料质量检验方法有书面检验、外观检验、理化检验和无损检验四种。

根据材料信息和保证资料的具体情况，其质量检验程度分免检、抽检和全部检查三种。

材料质量检验的取样必须有代表性，即所采取样品的质量应能代表该批材料的质量。在采取试样时，必须按规定的部位、数量及采选的操作要求进行。

抽样检验一般适用于对原材料、半成品或成品的质量鉴定。通过抽样检验，可判断整批产品是否合格。

对不同的材料，有不同的检验项目和不同的检验标准，而检验标准则是用以判断材料是否合格的依据。

（3）材料的选择和使用要求：材料的选择和使用不当，均会严重影响工程质量或造成质量事故。为此，必须针对工程特点，根据材料的性能、质量标准、适用范围和对施工要求等方面进行综合考虑，慎重地选择和使用材料。

3. 机械设备

施工机械设备是实现施工机械化的重要物质基础，是现代化施工中必不可少的设备，对施工项目的进度、质量均有直接影响。为此，施工机械设备的选用，必须综合考虑施工现场的条件、建筑结构类型、机械设备性能、施工工艺和方法、施工组织与管理、建筑技术经济等各种因素进行多方案比较，使之合理装备、配套使用、有机联系，以充分发挥机械设备的效能，力求获得较好的综合经济效益。

机械设备的选用，应着重从机械设备的选型、机械设备的主要性能参数和机械设备的使用操作要求三方面予以控制。

要健全“人机固定”制度、“操作证”制度、岗位责任制度、交接班制度、“技术保养”制度、“安全使用”制度、机械设备检查制度等，确保机械设备处于最佳使用状态。

生产设备方面，主要是控制设备的购置、设备的检查验收、设备的安装质量和设备的试车运转。

4. 工艺方法

这里所指的工艺方法控制，包含施工项目建设期内所采取的技术方案、工艺流程、组织实施、检测手段、施工组织设计等的控制。

尤其是施工方案正确与否，是直接影响施工项目的进度控制、质量控制、投资控制三大目标能否顺利实现的关键。往往由于施工方案考虑不周而拖延进度，影响质量，增加投资。为此，在制订和审核施工方案时，必须结合工程实际，从技术、组织、经济、安全等方面进行全面分析、综合考虑，力求方案技术可行、经济合理、工艺先进、措施得力、操作方便，有利于提高质量、加快进度、降低成本。

5. 环境

影响施工项目质量的环境因素较多，有工程技术环境，如工程地质、水文、气象等；工程管理环境，如质量保证体系、质量管理制度等；劳动环境，如劳动组合、作业场所、工作面等。环境因素对质量的影响，具有复杂而多变的特点，如气象条件变化万千，温度、湿度、大风、暴雨、酷暑、严寒都直接影响工程质量。又如前一工序往往就是后一工序的环境，前一分项、分部工程也就是后一分项、分部工程的环境。因此，根据工程特点和具体条件，应对影响质量的环境因素，采取有效的措施严加控制。尤其是施工现场，应建立文明施工和文明生产的环境，保持材料工件堆放有序，道路畅通，工作场所清洁整齐，施工程序井井有条，为确保质量、安全创造良好条件。

第八节　施工项目安全管理

一、安全生产管理概论

安全生产是我国的一项基本国策，必须强制贯彻执行；同时，安全生产也是建筑企业的立身之本，关系到企业能否稳定、持续、健康发展。总之，安全生产是建筑企业科学规范管理的重要标志。

每一个施工管理人员都应该明白，安全与生产的关系是辩证统一的，而不是对立的、矛盾的关系。安全与生产统一性表现在，一方面生产必须安全，安全是生产的前提条件，不安全就无法生产；另一方面，安全可以促进生产，抓好安全，为员工创造一个放心的工作环境，可以更好地调动员工的积极性，提高劳动生产率和减少因事故带来的不必要损失。

在一个施工项目中，项目经理是安全管理工作的第一责任人，安全员是专司该工作的专职人员。然而，安全管理和责任并不仅限于他们，其中有关施工方案与施工技术的安全管理活动，就是以施工员为中心展开的。本节将着重从施工方案与安全技术措施的角度，分析安全生产的各个要素。

施工项目安全管理，就是项目部在施工过程中，组织安全生产的全部管理活动。通过对生产要素过程控制，使生产要素的不安全行为和状态减少或消除，达到减少一般事故，杜绝伤亡事故，从而保证安全管理目标的实现。施工员是工地上质量和进度的主要管理者，“管生产必须管安全”是施工员必须坚持的基本原则，从这个意义上说，施工员是与安全管理密切相关的，每一个施工员都必须深入了解安全管理的全部内容。

二、安全生产方针

建筑企业的安全生产方针经历了一个从“安全生产”到“安全第一、预防为主”的产生和发展过程，强调在施工生产中要做好预防工作，尽可能将事故消灭在萌芽状态。通过分析安全施工方针的产生和发展，其含义归纳起来主要有以下几方面的内容：

1. 安全生产的重要性

施工过程中的安全是生产发展的客观需要，特别是现代化施工，更不允许有所忽视，必须强化安全生产，在生产活动中把安全工作放在第一位，尤其当生产与安全发生矛盾时，生产服从安全，这是安全第一的含义。

在社会主义国家里，安全施工又是国家的一项重要政策，是社会主义企业管理的一项重要原则，这是社会主义制度性质决定的。

2．安全与生产的辩证关系

在施工管理中，用辩证统一的观点去处理好安全与生产的关系是最合理的途径。施工员既要抓质量又要抓进度，必须善于安排好安全工作与生产工作，特别是在生产任务繁忙的情况下，安全工作与生产工作发生矛盾时，更应处理好两者的关系，不要把安全工作挤掉。越是生产任务忙，越要重视安全，把安全工作搞好。否则，就会招致工伤事故，既妨碍生产，又影响企业信誉，这是多年来生产实践证明了的一条重要经验。

长期以来，在施工管理中往往出现生产任务（越）重，事故（发生率）就（越）多；进度均衡，安全（生产）情况就好的现象，人们称之为安全生产规律。前一种情况其实质是反映了某些项目管理者在经营管理上的思想片面性。只看到进度的一面，看不见质量和安全的重要性；只看到一段时间内生产数量增加的一面，没有认识到如果不消除事故隐患，这种数量的增加只是一种暂时的现象，一旦条件具备了就会发生事故。这是多年来安全施工工作中的一条深刻的教训。总之，安全与生产是互相联系，互相依存，互为条件的。要正确贯彻安全生产方针，就必须按照辩证法办事，克服思想的片面性。

3．安全施工必须强调预防为主

安全施工的预防为主是现代生产发展的需要。现代施工技术日新月异，而且往往又是多学科综合运用，安全问题十分复杂，稍有疏忽就会酿成事故。预防为主，就是要在事前采取安全措施，“防患于未然”。依靠科技进步，加强安全科学管理，搞好科学预测与分析工作；把工伤事故和职业危害消灭在萌芽状态中。安全第一、预防为主两者是相辅相成、互相促进的。“预防为主”，是实现“安全第一”的基础。要做到安全第一，首先要搞好预防措施。预防工作做好了，就可以保证安全生产，实现安全第一，否则安全第一就是一句空话，这也是在实践中所证明了的一条重要经验。

三、安全生产管理体制

1．企业负责

企业负责这条原则的确立，进一步完善了我国实行的“国家监察、行政管理、群众监督”的管理体制，明确了企业应认真贯彻执行国家安全生产的法律法规和规章制度，并对本企业的劳动保护和安全生产工作负责。从而改变了以往安全生产工作由政府包办代替，企业责任不明确的情况，健全了在社会主义市场经济条件下新的安全生产管理体制。

2．行业管理

行政主管部门根据“管生产必须管安全”的原则，管理本行业的安全生产工作，建立安全生产管理机构，配备安全技术干部，组织贯彻执行国家安全生产方针、法律、法规，制定行业的规章制度和规范标准，负责对本行业安全生产管理工作的策划、组织实施和监督检查、考核。

3．国家监察

安全生产行政主管部门按照国务院要求实施国家劳动安全监察。国家监察是一种执法监察，主要是监察国家法律法规的执行情况，预防和纠正违反法规、政策的偏差。它不干预企事业遵循法律法规制定的措施和步骤等具体事务，也不能替代行业管理部门的日常管理和安全检查。

4．群众监督

保护员工的安全健康是工会的主要职责之一。工会对危害职工安全健康的现象有抵制、纠正以至控告的权力，这是一种自下而上的群众监督。这种监督是与国家安全监察和行政管理相辅相成的，应密切配合，相互合作，互通情况，共同搞好安全生产工作。

5．劳动者遵章守纪

从许多事故发生的原因看，大都与职工的违章行为有直接关系。因此，劳动者在生产过程中应该自觉遵守安全生产规章制度和劳动纪律，严格执行安全技术操作规程，不违章操作。劳动者遵章守纪也是减少事故，实现安全生产的重要保证。

四、安全生产管理制度

安全生产管理制度是依据国家法律、行政法规制定的，项目全体员工在生产经营活动中必须贯彻执行，同时，也是企业规章制度的重要组成部分。通过建立安全生产管理制度，可以把企业员工组织起来，围绕安全目标进行生产建设。同时，我国的安全生产方针和法律法规也是通过安全生产管理制度去实现的。安全生产管理制度既有国家制定的，也有企业制定的。企业必须建立的基本制度包括：安全生产责任制、安全技术措施、安全生产教育、安全生产定期检查、伤亡事故的调查和处理等制度。此外，随着社会和生产的发展，安全生产管理制度也在不断发展，国家和企业在这些基本制度的基础上又建立和完善了许多新制度，如安全卫生评价，易燃、易爆、有毒物品管理，防护用品使用与管理，特种设备及特种作业人员管理，机械设备安全检修，以及文明生产等制度。

第九节　施工项目信息资料管理

工程资料是在整个工程建设过程中，包括从立项、审批、施工到竣工验收等一系列活动中直接形成的文字、图表、声像等各种形式的资料。施工资料是由总承包单位在工程的施工过程中形成并收集汇整的文件或资料的总称。工程技术控制资料的整理和归档是建筑工程必不可少的工作之一。其重要性、具体性表现有：

（1）工程技术控制资料是对建筑实物质量的真实写照，无论建筑原材料、构配件质量，还是分项工程质量评定资料都必须客观地反映实际施工状况；

（2）建筑工程质量管理具有动态相关性，工程技术控制资料就成为预先控制的重要依据。我们可以根据数据来协调工作，准确地实现质量目标；

（3）工程技术控制资料是核定工程质量等级的重要依据。

建筑工程施工质量验收统一标准要求，工程技术控制资料必须基本齐全完整。否则，视为不合格工程，不能交付使用。工程技术控制资料成为建筑物改、扩建或增层必不可少的技术依据。

综上所述，工程技术控制资料的整理必须做到及时、真实、准确、完整。

1．及时性

及时性是做好工程技术控制资料的前提。工程技术控制资料是对建筑实物质量情况的真实反映，要求资料必须按照建筑物施工的进度及时整理。同时，及时性还反映在施工企业内部质量的管理上。“自检、互检和交接检”的质量管理体制要求工程技术控制资料的整理必须及时，这是施工时严格控制的“质量环”。质量控制、进度控制和投资控制要求工程技术控制资料的整理必须及时，为控制提供可靠的依据。社会监理机构和政府监督机关也要求施工企业及时整理好工程技术控制资料，以备核查或核定工程质量等级。因此，工程技术控制资料的整理应杜绝拖沓滞后、闭门造车的现象和应付突击的心理。

2．真实性

真实性是整理好工程技术控制资料的灵魂。资料的整理应该实事求是，客观准确，不要为了“偷工减料或省工省料”而隐瞒真相；也不要为了“取得较高的工程质量等级”而歪曲事实。所有资料的整理应与施工过程同步。材料使用前必须有合格证和必要的试验报告，采取见证取样送检制度，试验应有见证取样记录。分项工程质量评定必须到现场实测复检检查，不得伪造。

3．准确性

准确性是做好工程技术控制资料的核心。工程技术控制资料的准确性取决于以下一些方面。

（1）混凝土强度评定应明确验收批的概念，应区分不同的分部或施工段，正确运用统计和非统计评定方法。同时，在具体计算时，混凝土强度的平均值取一位有效位数，标准差取二位有效位数。

（2）分项工程质量评定的填写应规范化。控制项目内容填写应详细具体，不能以“符合要求”、“满足规范”来概而论之。

（3）基本项目的每个子项的等级应按优良百分率确定，并且要用文字说明，不可随心所欲地以符号代替。

（4）分项工程质量等级应根据基本项目和允许偏差项目的百分率确定，单位工程验收情况栏应填写“合格”、“不合格”做结论，施工单位资料管理人员应熟练掌握《建筑工程技术资料管理规程》（DB 13（J）35—2002）的内容，使工程管理资料、工程质量控制资料、工程安全和功能检验资料及主要工程抽查记录资料区分开来，做到内容填写应具体、规范、准确、真实地反映工程质量情况。

4．完整性

完整性是做好工程技术控制资料的基础。不完整的资料将会导致片面性，不能系统地、全面地了解单位工程的质量状况。要控制资料的完整性应做好以下几方面的工作：

（1）应设专人及时收集有关工程资料；

（2）应根据工程量、批量或批号收集有关工程资料；

（3）总承包单位应向分包单位收集相关资料；

（4）施工技术资料不应有甩项、漏做等情况。

第三章　劳动争议纠纷的处理

第一节　劳动争议的概念和特征

要系统掌握劳动争议处理的相关理论知识，准确把握我国劳动争议问题的实质与特点，提高我国处理劳动争议问题的能力与水平，就必须深刻理解劳动争议处理的对象——劳动争议的概念与特征。

一、劳动争议的概念

劳动争议亦称劳动纠纷，在非公有制企业和资本主义国家中，也称为劳资争议或劳资纠纷。如何界定我国劳动争议的内涵与范围，不仅关系到用人单位与劳动者可以在多大范围内依照相关法律规定的程序解决劳动争议，也关系到双方的权益在多大程度上可以受到劳动法律的保护。

总结多年理论研究成果与劳动经验，我国学术界对劳动争议的定义归纳起来主要有以下几种：

（1）劳动争议是指“劳动关系当事人因劳动问题引起的纠纷”。

（2）劳动争议，亦称劳动纠纷，是指“劳动关系的当事人即用人单位行政与职工之间因执行劳动合同或劳动法规所发生的一切争议”。

（3）劳动争议是指“劳动关系双方当事人之间因劳动权利和劳动义务所发生的争议”。

（4）劳动争议有广义和狭义之分。广义的劳动争议是指“用人单位和劳动者因劳动关系所发生的一切纠纷”；狭义的劳动争议是指“用人单位与劳动者因劳动权利、劳动义务发生分歧而引起的争议”。

以上对劳动争议定义的不同表述体现了我国对劳动争议内涵认识的过程。

我们认为，劳动争议有广义和狭义之分。要深入了解广义劳动争议和狭义劳动争议之间的区别和联系，应理解好以下两个关键问题：

1. 两种定义对劳动争议主体的理解是一致的

两种定义都认为劳动争议的主体是指存在劳动关系的双方当事人，一方是用人单位；另一方是劳动者。严格来讲，劳动争议主体应是签订了劳动合同，形成了劳动法律关系的用人单位与劳动者。需要说明的是，基于我国劳动争议处理的实践与我国相关法律的规定，未签订劳动合同的事实劳动关系的双方当事人也可以作为劳动争议的主体。另外，在处理因为签订或履行合同而发生的集体争议中，工会作为劳动者的代表组织可以成为劳动争议的主体。随着我国集体协商和集体合同制度的发展，特别是区域性和行业性集体协商的开展，雇主组织也可成为劳动争议的主体一方。

2. 两种定义对劳动争议内容的理解有所区别

狭义的劳动争议将劳动争议的内容界定在由劳动法律法规、劳动合同和集体合同确定的劳动权利和劳动义务等劳动法律关系的内容上。狭义的劳动争议通常表现为因执行劳动法律法规，履行劳动合同和集体合同发生的争议，这类劳动争议是大量和经常发生的。狭义的劳动争议排除了那些因没有法律规定，或未签订劳动合同和集体合同而发生的事实劳动关系的争议，以及在签订集体合同中，劳动者为争取新的利益发生的争议。

广义的劳动争议将劳动法律关系的内容扩大为劳动关系的内容。将狭义定义未包括的劳动争议也纳入进来，既实事求是地分析了我国目前劳动关系的状况，又考虑到了今后劳动争议的发展趋势。从《中华人民共和国劳动法》（以下简称《劳动法》）的规定来看，事实劳动关系同样受《劳动法》的调整；我国《劳动法》将集体合同确定为调整劳动关系的一项法律制度，并对此引起的争议处理作了程序性的规定，随着此项制度的推行，因签订、修改集体合同而发生的利益争议随之增多。故由事实劳动关系和因签订、修改集体合同引起的争议，已被纳入劳动争议的范围。

二、劳动争议构成的要素

劳动争议发生在劳动关系领域，具有特定的主体、内容和客体。

（1）劳动争议的主体，即劳动争议的当事人，劳动权利与义务的承受者。根据我国《劳动法》和《劳动争议处理条例》的规定，劳动争议的主体包括各类用人单位和职工。职工是指与用人单位订立了劳动合同、建立了劳动关系的全体劳动者，包括企业管理人员、专业技术人员和工人及外籍员工等；不包括公务员及全民所有制教育、医疗卫生、科研机构等事业单位中未与之建立劳动合同关系的教师、医务工作者和专业技术人员。

（2）劳动争议的内容，权利争议的内容涉及劳动权利与义务，发生在《劳动法》规定权利义务和劳动合同约定的条件范围内；利益争议的内容在法定权利义务之外。

（3）劳动争议客体，即劳动争议主体权利义务所指向的对象，包括行为，如解除劳动合同的通知；物质待遇，如工资、福利待遇等。

三、劳动争议的特征

劳动争议由三大特征，具体包括：

（1）劳动纠纷是劳动关系当事人之间的争议。劳动关系当事人，一方为劳动者；另一方为用人单位。劳动者主要是指与在中国境内的企业、个体经济组织建立劳动合同关系的职工和与国家机关、事业组织、社会团体建立劳动合同关系的职工。用人单位是指在中国境内的企业、个体经济组织以及国家机关、事业组织、社会团体等与劳动者订立了劳动合同的单位。不具有劳动法律关系主体身份者之间所发生的争议，不属于劳动纠纷。如果争议不是发生在劳动关系双方当事人之间，即使争议内容涉及劳动问题，也不构成劳动争议。如劳动者之间在劳动过程中发生的争议，用人单位之间因劳动力流动发生的争议，劳动者者或用人单位与劳动行政管理中发生的争议，劳动者或用人单位与劳动行政部门在劳动行政管理中发生的争议，劳动者或用人单位与劳动服务主体在劳动服务过程中发生的争议等，都不属劳动纠纷。

（2）劳动纠纷的内容涉及劳动权利和劳动义务，是为实现劳动关系而产生的争议。

劳动关系是劳动权利义务关系，如果劳动者与用人单位之间不是为了实现劳动权利和劳动义务而发生的争议，就不属于劳动纠纷的范畴。劳动权利和劳动义务的内容非常广泛，包括就业、工资、工时、劳动保护、劳动保险、劳动福利、职业培训、民主管理、奖励惩罚等。

（3）劳动纠纷既可以表现为非对抗性矛盾，也可以表现为对抗性矛盾，而且，两者在一定条件下可以相互转化。在一般情况下，劳动纠纷表现为非对抗性矛盾，给社会和经济带来不利影响。

四、引发劳动争议的原因

劳动争议的发生，说明劳动关系在运行过程中碰到了障碍，是劳动关系中存在的不稳定因素呈显性化、复杂化状态，是劳动关系这一矛盾诸方面运动的结果。我们在日常生活中所看见的统一、团结、联合、调和、均势、相持、僵局等，都是事物处在量变状态中所显现的面貌。而统一物的分解、团结、联合、调和、均势、相持等状态的破坏，变到相反的状态，便都是事物在质变状态中，在一种过程过渡到他种过程的变化中所显现的面貌。事物总是不断地由第一种状态转化为第二种状态，而矛盾的斗争则存在于两种状态中，并经过第二种状态而达到矛盾的解决。

第二节　劳动争议的种类

劳动争议按照不同的标准，可以有不同的分类方法。劳动争议的分类有助于加强对劳动争议的研究。健全劳动争议处理制度的立法，有助于对劳动争议的分析，采取有针对性的措施加以解决和预防。劳动争议的分类可以有以下几种。

一、从劳动争议的主体上划分

劳动争议都发生在企业与劳动者之间，作为劳动争议的主体、当事人，企业一方是确定的，而职工一方当事人的人数则有多少的区别。

首先是个别劳动争议，指个别职工与企业之间发生的劳动争议。

其次是集体劳动争议。指发生劳动争议的职工一方当事人达到法定的人数并且具有共同的争议理由。《企业劳动争议处理条例》规定，发生劳动争议的职工一方在 3 人以上，并有共同理由的，应当推举代表参加调解或者仲裁活动。集体劳动争议必须具备两个条件：一是职工一方当事人不能是 1 人，而应当是多人，符合法定的人数，即 3 人以上。二是 3 人以上的职工当事人必须有共同的争议原因和请求，即对权利义务有共同的请求。简言之，劳动争议当事人发生争议的原因是共同的，每个当事人的请求也是共同的，不存在个人的独立请求。集体劳动争议的职工当事人，应当推举代表参加调解、仲裁或者诉讼，他的活动对所有的职工当事人都是有效的。集体劳动争议的处理程序与个别劳动争议的处理程序是基本相同的。但《劳动争议仲裁委员会办案规则》规定，对职工一方在 30 人以上的集体劳动争议适用案件特别审理程序。

最后是团体争议。指以工会组织为一方，代表职工与企业事业单位因签订和执行集体合同而发生的争议，这类争议目前在我国劳动争议处理程序的立法中尚未涉及。

二、从劳动争议的客体上划分

从劳动争议涉及的劳动关系上区分，可分为：

（1）因执行劳动法律、法规、集体合同和劳动合同的规定而发生的劳动争议。这类劳动争议是对法定的或合同约定的劳动权利的实现进行的争议，即一方当事人不按规定履行义务，而侵犯对方的合法权益，也叫权利争议。

（2）因为确定或者变更劳动者的权利与义务而发生的劳动争议。这类劳动争议是劳动争议双方当事人为确定某种权利义务关系或变更原定的权利义务关系引起的争议。这里所说的确定或变更的劳动权利义务都是原来没有确定的，是新的内容，也称为利益争议。这主要是指集体谈判发生争议的情况。

三、从劳动争议的性质上划分

从劳动争议的性质上划分，劳动争议可分为社会主义性质的劳动争议和资本主义性质的劳资纠纷。在资本主义制度下，劳动争议带有尖锐的对立性。

从劳动争议的性质上分，劳动争议还可分为因政治地位权利引起的劳动争议，如因参加、组织工会及举行罢工与企业产生的争议；因经济利益产生的争议，如要求增加工资等。性质不同的劳动争议处理程序也不相同。

四、从劳动争议的具体内容上划分

从劳动争议的具体内容上划分，劳动争议可以划分为：

（1）因执行、变更、解除和终止劳动合同而引起的争议；

（2）因录用、调动、辞退、辞职而引起的争议；

（3）因劳动报酬、津贴等引起的争议；

（4）因工作时间、休息时间、休假引起的争议；

（5）因执行劳动安全卫生标准引起的争议；

（6）因女职工、未成年工的特殊保护问题引起的争议；

（7）因职业技能培训引起的争议；

（8）因社会保险、福利待遇问题引起的争议；

（9）其他有关劳动权益引起的争议。

第三节　我国劳动争议处理制度

一、现行劳动争议处理体制的法律基础

为了预防和控制劳动争议，消除其产生的负面影响，就需要建立有效的社会控制机制。其中，人们的一种理性选择就是法律机制。法律对劳动争议的控制，是将涉及劳动主体的权利义务规定在法律规范中，依靠国家强制力保障法律权利义务规范的实施，以

利益合法化来实现劳动主体间利益分配的合理化和公平化，从而达到劳动力市场有序、安定、和谐。“通过中立性的程序来重建社会共识，整顿竞争秩序，既是过去实践发展的必然结果，也是今后改革深化的重要前提。”在我国，《劳动法》作为预防和控制劳动争议的重要工具，不仅调整劳动者与用人单位之间以平等主体身份签订的劳动合同关系，还调整国家对用工单位监督管理、对劳动者进行培训、对违法的单位和个人进行处罚等行政法律关系。因此，我国的《劳动法》既是民法的特别法，又具有较强的公法特征。

正确处理劳动争议是维护劳动关系稳定和顺利发展的重要环节。除《劳动法》以外，全国人民代表大会及其常委会制定了一系列有关劳动关系的法律，如《中华人民共和国工会法》、《中华人民共和国矿山安全法》等。为了处理日趋繁多和复杂的劳动争议案件，国家劳动保障行政管理部门先后颁布了部门规章及其他规范性文件达 62 件以上，其中，国务院发布的《劳动合同法实施条例》（以下简称《条例》），是处理劳动争议的重要专项行政法规。此外，为了适应人民法院对不服劳动仲裁裁决起诉案件进行审理的需要，最高人民法院制定了《最新劳动法司法解释》等有关司法解释共 11 件。目前，我国已经形成以《劳动法》为核心，以《条例》和与之相配套的《劳动争议仲裁委员会组织规则》、《企业劳动争议调解组织及工作规则》等法规为基础的劳动争议处理法律体系的雏形，为劳动争议的正确处理提供了一定的法律保障。

二、我国现行劳动争议处理体制

（一）我国现行劳动争议的特点

目前，我国劳动关系随着市场经济的发展出现许多新变化，劳动争议也随之出现了新特点和新动向。最近几年的劳动争议的特点表现为：

第一，集体劳动合同争议增多。从劳动争议仲裁委员会最近几年立案处理的劳动争议可见，集体劳动争议呈逐年上升趋势。集体争议涉及人数多，影响面广，对社会极易产生负面影响。

第二，私营企业、民营企业劳动争议增多。私营企业、民营企业劳动争议的增加主要是由于劳动管理混乱所致。企业与职工不签合同，没有各种社会保险，随意解聘、惩罚职工，拖欠、克扣工人工资等问题十分严重。

第三，因劳动报酬、保险待遇的劳动争议增多。这种变化主要是企业与职工的利益关系的复杂化而引起的。

第四，事实劳动关系主体之间的劳动争议增加。我国《劳动法》规定劳动法律关系的设立应为要式行为，必须签订劳动合同。但同时又承认事实劳动关系的效力，这样一旦发生事实劳动关系的劳动纠纷，特别是因工伤引发的纠纷则很难处理。

第五，劳动争议日益显性化和扩大化。一方面由于《劳动法》的深入贯彻；另一方面劳动仲裁委员会收案范围的确立以及无仲裁则无诉权的思想指导，导致大量劳动争议不能通过法律程序得以解决，从而增大了信访工作量，以及激化有关矛盾，极易导致职工的各种过激行为的发生。一方面，它反映了我国劳动人民法制观念的逐步增强；另一方面，又反映出建立、健全劳动争议处理法的必要性和重要性。

（二）我国现行劳动争议处理的基本原则

我国《劳动法》第 78 条规定“解决劳动争议，应当根据合法、公正、及时处理的原则，依法维护劳动争议当事人的合法权益”。《条例》对劳动争议处理基本原则也作了专门规定，形成了我国当前劳动争议处理中应当遵循的基本原则。

（1）调解原则。即在第三人的主持下，依法劝说争议双方当事人通过民主协商，在互让互谅的基础上达成协议，从而消除争议的方法。争议当事人长期合作于一个组织中的特点决定了“调解”成为化解劳动争议的普遍手段，贯穿于劳动争议处理的全过程。除了企业劳动争议调解委员会，人民法院在处理劳动争议时，也必须先调解，只有在调解不成时才进行裁决和判决。在运用调解原则时必须是在双方当事人自愿的基础上进行，不能强制，否则其结果不产生法律效力。

（2）合法、公正、及时原则。“合法”，指劳动争议处理机构处理劳动争议的所有活动和决定都要符合法律规定。这里的法律包括实体法和程序法，在立法层次上包括法律、法规、地方性法规和有关政策。若遇到无法可依现象，劳动争议处理机构可根据立法的实际情况，注意原则性和灵活性结合。“公正”，要求劳动争议处理机构在处理劳动争议时必须保证双方当事人出于平等法律地位，具有平等的权利和义务，不得偏袒任何一方，特别在对于保护劳动者合法权益的申请案中，不能受用人单位的强势地位影响而偏护其行为，更不能因为在实际工作关系中劳动争议双方当事人之间存在行政隶属关系而使用人单位享有超越于劳动者的特权。只有使双方当事人为平等的争议主体，才能公正地依法处理劳动纠纷，维护当事人合法权益。“及时”，要求劳动争议处理机构在处理劳动争议案件时，应注意一个“快”字，受理案件应当尽快查明事实，分清是非，尽快调解、裁判或判决，最低限度应该在法律、法规规定时效内受理、审理和结案，保护当事人享有的权利，不因时效而丧失保护权。具体要求用人单位劳动争议调解委员会要对案件及时结案，不能使当事人丧失申请仲裁的权利，而劳动争议仲裁委员会和人民法院应当在法律规定的时限内进行裁决和判决。

（3）适用法律一律平等原则。此原则要求劳动争议处理机构在处理劳动争议的各个阶段，不论适用实体法还是适用程序法，对当事人都应当一视同仁，确保双方当事人享有平等的法律地位，不能因财产、社会地位等不同而享有特权，更不能一个案件两个准绳，特别是在劳动者维权的案件中一定要保障其实体法和请求解决举证、辩论、要求回避等程序法权利的真正实现。当然，对用人单位也应当如此。一定要杜绝现实中存在的适用法律双重标准的违法行为。

三、我国现行的劳动争议处理体制

根据《劳动法》的规定，劳动争议有和解、调解、仲裁和诉讼四种处理形式。即劳动争议发生后，双方应当协商解决；不愿协商或协商不成的，可以向企业劳动争议调解委员会申请调解；调解不成的，可以向劳动争议仲裁委员会申请仲裁；对仲裁裁决不服的，可以向人民法院起诉。

（一）劳动争议的和解与调解

劳动争议发生后，企业和个人均应持积极的态度，按照法定的程序、依照事实和法律的规定及时处理。在这一点上，企业应摆正自己的位置，企业虽然有按照规章制度管理职工的权力，但企业和职工在处理劳动争议的法律地位上是平等的，不存在一方要服从另一方的问题。如果企业不能摆正自己的位置，就容易进一步激化矛盾，贻误和解时机，使劳动争议的处理复杂化。因此，劳动争议发生后双方应尽可能通过和解的方式解决劳动争议。企业和职工在自愿的基础上通过平等协商，在法律规定的范围内相互让步使争议得到及时处理。如果经协商双方达成一致的处理意见，则可以签订和解协议，明确相关权利和义务；如争议一方放弃权利的，也应在和解协议中予以明确。

双方和解不成后可以请企业劳动争议调解委员会调解。企业劳动争议调解委员会由职工代表、企业代表和企业工会代表组成，其中企业的代表不得超过代表总数的 1/3，该委员会的主任由工会代表担任，其调解的程序和实现要严格按照《企业劳动争议调解委员会组织计工作规则》规定执行。主要时限有：调解委员会应在接到调解申请后即向对方征求意见，如双方不愿意调解的，应于 3 日内以书面形式通知申诉人，如果对方愿意调解的，则应于 4 日内作出是否受理的决定。调解委员会调解争议还应于受理之日 30 日内结束。否则，视为调解不成。

当然，由于双方达成的和解协议和企业劳动争议调解委员会主持下达成的调解协议并无强制执行力，双方仍然有申请仲裁和诉讼的权利。

（二）劳动争议仲裁

仲裁程序是处理劳动争议的必经程序。我国仲裁劳动争议案件的主管机关是劳动争议仲裁委员会，县级以上行政区域均设有劳动争议仲裁委员会。对争议案件的仲裁管辖实行以地域管辖为主。通过仲裁处理劳动争议案件时尤其要注意时效制度。根据《劳动法》第 82 条的规定，提出仲裁要求的一方应当自劳动争议发生之日起 60 日内向劳动仲裁争议委员会提出书面申请。劳动争议发生之日是指当事人知道或者应当知道其权利被侵害之日。如有申请工伤鉴定、向企业劳动争议调解委员会申请调解等法定事由，则时效暂停计算，有关事由消除后时效继续计算。超过法定的仲裁时效，而且又没有不可抗力原因或其他正当理由，当事人就丧失了仲裁的权利。要特别注意的是，劳动争议时效不适应民法中有关时效中断的理论。仲裁委员会仲裁后，当事人对仲裁裁决不服的可以自收到仲裁裁决书之日起 15 日内以争议对方为被告向人民法院提起诉讼；超过 15 日不起诉的，则裁决发生法律效力，如果一方不履行，另一方可以向法院申请强制执行。

（三）劳动争议诉讼

当事人如果对仲裁的裁决不服，在法定的时效内向法院起诉的，劳动争议的诉讼程序则启动，人民法院依据民事诉讼程序对劳动争议案件进行审理。《最高人民法院关于审理劳动争议案件适用法律若干问题的解释》实施后，法院受理劳动争议案件的范围进一步拓宽。对劳动争议仲裁委员会以申请仲裁事项不属于劳动争议为理由作出的不予受理的裁决，当事人不服的，人民法院认为属于劳动争议案件的，也应当受理。从而改变了以往未经劳动争议仲裁委员会实体仲裁，人民法院一律不予受理的情况。劳动争议案件由用人单位所在地或者劳动合同履行地的基层人民法院管辖。劳动争议诉讼程序有关时效均按《民事诉讼法》的有关规定执行。

四、我国现行劳动争议处理体制的特征

（一）劳动争议仲裁是诉讼的

根据《劳动法》第 79 条的规定，劳动争议发生后，当事人可以申请调解，也可以直接申请仲裁，但不可以未经仲裁直接向法院提起诉讼。只有仲裁结束后，如对仲裁结果不服，才可以提起诉讼。

（二）劳动争议仲裁申诉时效和诉讼时效均是 60 天

《劳动法》第 82 条规定，提出仲裁要求的一方应当自劳动争议发生之日起 60 日内向劳动争议仲裁委员会提出书面申请。即劳动争议仲裁申诉时效是 60 天。最高人民法院《解释》第 85 条对“劳动争议发生之日”作出了进一步解释，“是指当事人知道或者应当知道其权利被侵害之日”。第 89 条、第 90 条规定该申诉时效可因申请调解或仲裁办事机构未予受理而中止。最高人民法院《解释》第 3 条规定，劳动争议仲裁委员会根据《劳动法》第 82 条的规定，以当事人的仲裁申请超过 60 日期限为由，作出不予受理的书面裁决、决定或者通知，当事人不服，依法向人民法院起诉，人民法院应当受理；对确已超过仲裁申请期限的，依法驳回其诉讼请求。

（三）劳动争议仲裁裁决不是最终裁决

《劳动法》第 83 条规定，劳动争议当事人对仲裁裁决不服的，可以自收到仲裁裁决书之日起 15 日内向人民法院提起诉讼。一方当事人在法定期限内不起诉又不履行仲裁裁决的，另一方当事人可以申请人民法院强制执行。此规定意味着劳动争议仲裁并不像普通的仲裁那样是一裁终局，当事人对裁决不服，还可以向法院提起诉讼。

（四）劳动争议仲裁机构由行政部门主管

《劳动法》第 81 条规定，劳动争议仲裁委员会由劳动保障行政部门代表、同级工会代表、用人单位方面的代表组成。劳动争议仲裁委员会主任由劳动保障行政部门代表担任。此规定意味着劳动争议仲裁机构与普通仲裁机构相比，多了许多官方色彩。

第四节　我国劳动争议处理的法律依据及法律适用

一、我国劳动争议处理的法律依据

依法处理劳动争议，依法维护劳动争议当事人的合法权益，是处理劳动争议应遵循的基本原则，也是社会主义民主与法制的基本要求。因此，法律依据及其适用对正确处

理劳动争议具有至关重要的作用。

劳动争议处理的法律依据，是指劳动争议处理机构在解决劳动争议过程中，应当以哪些规范性文件作为根据来正确解决当事人的争议。劳动争议处理的法律依据是法律适用及解决纠纷的前提，如果没有法律依据，则处理劳动争议便无法可依，这不仅不能使争议得到公正的解决，还会影响劳动关系的稳定。因此，劳动争议处理的法律依据是劳动争议处理法律适用的中心内容，只有具有充分的法律依据，才能保证劳动争议处理依法进行，这是劳动争议处理的首要条件。

劳动争议处理法律依据中的法律既包括法律、行政法规、地方性法规，也包括部委规章和地方政府规章；既包括实体性规范，也包括程序性规范。

（一）劳动争议处理的实体性规范

实体性法律规范是规定当事人权利义务的规范性文件，它是劳动争议处理机构在处理争议过程中，分清责任，确定当事人权利义务的依据。

实体性法律规范包括以下内容：

1．劳动实体性法律规范

（1）劳动法律。劳动法律是指全国人民代表大会及其常务委员会制定和颁布的劳动基本法律。1994 年 7 月 5 日由第八届全国人民代表大会常务委员会第八次会议通过的《中华人民共和国劳动法》是保护劳动者权益和调整我国劳动关系的最基本法律，该法不仅全面确定了用人单位和劳动者的权利与义务，而且对劳动争议处理作了专章规定，成为我国处理劳动争议最重要的法律依据。

（2）劳动行政法规。劳动行政法规是指国务院制定和颁布的有关劳动方面的规范性文件。如《企业职工奖惩条例》、《失业保险条例》、《女职工劳动保护规定》、《禁止使用童工规定》、《国务院关于职工工作时间的规定》等，这些劳动行政法规根据宪法和劳动法的规定，对用人单位与劳动者的权利和义务作了较具体的规定，成为劳动争议处理中不可缺少的法律依据。

（3）劳动规章。劳动规章是指由国务院部委制定的有关劳动的规范性文件，主要包括劳动和社会保障部为贯彻执行《劳动法》和劳动行政法规制度和颁布的实施条例和解释性的规范性文件，如《违反和解除劳动合同的经济补偿办法》、《最低工资规定》、《外商投资企业劳动管理规定》、《工资支付暂行规定》等。这些劳动规章是在法律授权下规定的，内容更为具体、明确，在维护职工合法权益和协调企业劳动关系方面发挥着重要作用，也成为我国劳动争议中的法律依据。

（4）地方性劳动法规。地方性劳动法规是指地方人民代表大会及其常务委员会制定和颁布的适用于本地方的有关劳动方面的规范性文件。地方性劳动法规属于权力机关立法，由地方人大制定适合本地方实际的劳动法规，对调整劳动关系和公正、及时处理劳动争议有积极的作用。

（5）劳动自治条例和单行条例。劳动自治条例和单行条例是指由自治区人民代表大会及其常务委员会制定和颁布的适用于自治地方的有关劳动方面的规范性文件，主要包括自治区人民代表大会和自治州、自治县制定的自治条例和单行条例。所不同的是，前者需经全国人民代表大会常务委员会批准；后者需报自治区人民代表大会常务委员会批准。经过批准的劳动自治条例和单行条例是自治地方处理劳动争议的法律依据。

（6）地方劳动规章。地方劳动规章是指由各地方人民政府制定的有关劳动方面的规范性文件。包括省、自治区、直辖市人民政府及其所在地的市以及经国务院批准的较大的市人民政府，依据劳动法律、法规制定的适合本地方具体情况的规范性文件。

（7）劳动法律、法规解释。根据第五届全国人民代表大会第十九次会议通过的《关于加强法律解释工作的决议》，国务院及其主管部门对不属于审判检察工作的劳动法律、法规如何具体适用，有权进行解释，其解释与劳动法律、法规具有同等的法律效力。如原劳动部发布的《若干问题的意见》以及对实际执行工作中一些问题的解释和复函等，都可以成为劳动争议处理的法律依据。

2. 其他相关实体法律规范

劳动是人类一项最基本的活动，与其他活动有着极为密切的关系，这决定了劳动法律部门和其他法律部门之间的相互关系，劳动争议处理中不可避免地需要适用其他法律规范中有关劳动问题的规定。如《宪法》规定的关于劳动者基本权利和义务的基本原则，为劳动法律规范的制定和适用确定了方向；一些经济法律，如《全民所有制工业企业法》、《城镇集体所有制企业条例》、《私营企业条例》、《中外合资企业法》及《外商投资企业法》等，一般都有专章规定企业劳动管理，当在以上企业中发生劳动争议时，其处理必然要适用以上的法律规范；其他法律规范，如《婚姻法》中关于婚姻自由和婚龄的规定，是确定一些劳动合同中规定有诸如不准恋爱、结婚等内容无效的法律依据。

3. 劳动合同、集体合同和用人单位规章制度

劳动合同、集体合同以及用人单位规章制度，虽然本身并不是法律规范，但却是我国劳动法律、法规确定的调整劳动关系的重要法律制度，是劳动法律、法规的具体化，用人单位与职工在劳动过程中的权利义务，是通过以上制度具体体现出来的。因此，合法的劳动合同、集体合同以及规章制度，作为法律规范的延伸部分，可以成为处理劳动争议的依据。

（1）劳动合同。劳动合同是《劳动法》规定的用人单位与劳动者确立劳动关系的基本形式，是用人单位与职工签订的，用以确定双方权利义务的协议。劳动合同一经签订，对双方当事人就具有法律约束力，双方都应依照合同的规定，履行各自的义务。如一方违约发生劳动争议，劳动合同便成为处理争议的重要依据。劳动合同成为处理争议的依据必须具备两个条件：一是劳动合同必须依法订立，这包括订立的过程和订立的内容都要合法，劳动合同必须在双方平等自愿、协商一致的基础上签订，任何一方都不受强迫，签订的内容必须符合我国劳动法律、法规的规定。二是劳动合同的条款必须具体而明确。只有符合以上条件的劳动合同，才能成为处理劳动争议的依据，不具备以上条件，或内容违法，或违反平等自愿的原则，强迫或胁迫签订的合同以及条款含糊不清、似是而非的合同，都不能作为处理劳动争议的依据。

（2）集体合同。集体合同制度是目前世界普遍采取的调整劳动关系的法律制度，我国《劳动法》对此作了规定。集体合同是用人单位与本单位的工会组织就劳动报酬、工作时间、休息休假、劳动安全卫生、保险福利等事项，经协商谈判签订的书面协议。集体合同与劳动合同有很大的区别，它是工会组织代表职工与企业签约的，以改善职工劳动和生活条件，维护职工整体利益为内容的协议，一经合法签订，就具有法律效力，且效力高于合同，即集体合同中规定的劳动条件是劳动合同的基础，劳动合同确定的劳动条件不能低于集体合同的规定。因此，集体合同能够成为处理劳动争议，特别是集体劳动争议的法律依据。集体合同是一种法律行为，能够成为法律依据的集体合同必须符合以下条件：一是集体合同的内容要合法，集体合同的劳动条件不能低于法律、法规所确定的劳动标准；二是集体合同订立的程序要合法，集体合同草案文本经职工大会或职工代表大会审议后，由企业法定代表人和工会主席签字后，报送劳动行政部门，劳动行政部门自收到集体合同文本15日内未提出异议的，集体合同立即生效。只有经过以上程序，集体合同才发生法律效力。如集体合同不符合以上条件，则不能成为处理劳动争议案件的法律依据。

（3）用人单位规章制度。用人单位规章制度也称“厂规厂纪”，是用人单位根据国家法律、法规的规定，结合本单位的实际情况制度的，适用于本单位全体职工的行为规范。用人单位制定的规章制度，是将国家法律、法规中关于职工的权利义务具体适用于本单位的表现，目的在于进行有效而具体的管理，提高工作和生产效率，遵守单位的规章制度则是每一个职工必须履行的义务。作为将职工权利义务具体化的规章制度，可以成为在处理劳动争议时的依据。但在将其作为处理依据时，必须注意规章制度的内容是否合法，是否与现行法律、法规规定的内容和精神相违背；还要注意用人单位的规章制度是否经过合法程序予以通过，即是否经过本单位职工代表大会或职工大会的审议通过，并报上级主管部门备案。《最高人民法院关于审理劳动争议案件适用法律若干问题的解释》第19条规定，用人单位根据《劳动法》第4条的规定，通过民主程序制定的规章制度，不违反国家法律、行政法规及政策规定，并已向劳动者公示的，可以作为人民法院审理劳动争议案件的依据；如果规章制度或内容违反合法程序或未经合法程序，均属违法的规章制度，当然不能作为处理争议的依据。

（二）劳动争议处理的程序性法律规范

程序性法律规范，是指国家制定的规定劳动争议处理机关处理程序的规范性文件，具体包括劳动争议处理机关在调解、仲裁、诉讼中应遵守的程序。程序性法律规范是劳动争议得以公正、及时处理的重要保证。根据我国现行的法律、法规，劳动争议处理的程序性规范有以下几种：

1. 《劳动法》

《劳动法》第十章规定了劳动争议，并对劳动争议处理程序、劳动争议处理的原则、劳动争议处理机构的组成、劳动争议处理的时效以及集体合同争议的处理等都作了明确的规定。这是目前我国最新的劳动争议处理程序法律规范。《劳动法》具有最高的法律效力，其他程序法律规范的规定与《劳动法》不一致的，应遵循《劳动法》的规定。从总体上看，《劳动法》基本延续了以往我国处理劳动争议的调解、仲裁、诉讼程序，但为适应形势的发展需要，保证案件及时处理，以保护劳动者的合法权益，《劳动法》在争议处理程序上有了一些发展和变化：一是将申请仲裁的期限由原来的6个月，改为60天，仲裁裁决的作出由原来的自组成仲裁庭之日起60日内，改为自收到仲裁申请之日起60日内，大大缩短了案件的处理时间；二是第一次分别规定了因签订和履行集体合同发生争议的两种不同的处理程序，为今后处理这类争议提供了法律依据。

2. 《企业劳动争议处理条例》

国务院于 1993 年 7 月颁布的《企业劳动争议处理条例》是专门规范劳动争议处理程序的行政法规，对争议处理程序作了较全面的规定，是劳动争议处理的重要程序性规范。在 1986 年国务院颁布的《国营企业劳动争议处理暂行规定》基础上，《企业劳动争议处理条例》有了较大的发展。第一，它打破了所有制的界限，规定所有企业无论何种企业性质，发生劳动争议的当事人都可以依据该条例，提请劳动争议处理机构解决；第二，扩大了争议处理机构的受案范围，使当事人的劳动权益能在更大范围内得到维护；第三，具体规定了劳动争议处理程序，尤其是较详细地规定了仲裁程序，使仲裁机构在受理案件和作出裁决的过程中有法可依，有章可循。随着我国近年来劳动关系的发展变化，劳动争议日益增多和复杂，对劳动争议处理程序提出了新的要求，《劳动法》适时对《企业劳动争议处理条例》中的一些内容进行了修改，两者不一致时，应以《劳动法》为准。

3. 《劳动争议仲裁委员会组织规则》、《劳动争议仲裁委员会办案规则》和《企业劳动争议调解委员会组织及工作规则》

这三个规则是原劳动部在《企业劳动争议处理条例》施行后，为保证劳动争议仲裁委员会正确行使仲裁权和办案规范化，保障企业劳动争议调解委员会及时、有效地开展工作而颁布的一系列规章。《劳动争议仲裁委员会组织规则》明确了仲裁委员会的组成及其职责，仲裁员的聘任和职责以及仲裁庭的组成等，为仲裁委员会及时、公正处理劳动争议案件提供了组织保证。《劳动争议仲裁委员会办案规则》具体规定了劳动争议仲裁管辖、仲裁参加人，以及案件受理、审理的各项程序，特别是规定了集体劳动争议案件的处理程序，保证了劳动争议仲裁的规范化。《企业劳动争议调解委员会组织及工作规则》规定了调解委员会的组成职责，以及调解委员会的调解程序，为企业调解委员会及时调解劳动争议提供了依据。

4. 法律解释

包括劳动和社会保障部所作的行政解释和最高人民法院所作的司法解释。劳动和社会保障部的行政解释有以下几种：经授权对《劳动法》有关争议处理程序方面的解释；就《企业劳动争议处理条例》所作的若干问题解释，以及在实际工作中发布的有关规范性文件和对下级机关就程序问题请示的复函。最高人民法院的司法解释在目前劳动争议诉讼案件还缺乏统一、完备的诉讼法律的情况下，对指导人民法院在受理和审理劳动争议诉讼案件方面有非常重要的意义。以上这些解释具有法律效力，且都是针对实际中的一些疑难问题作出的，具有针对性和可操作性，因此，可以成为劳动争议处理的程序性法律规范。

5. 《民事诉讼法》

该法是我国人民法院审理民事案件的程序法，是我国基本法律之一，由于我国目前尚未制定《劳动争议处理法》，对人民法院审理劳动争议案件还没有规定专门的处理程序的规定。因此，人民法院对劳动争议的审理仍参照《民事诉讼法》的规定进行。

二、我国劳动争议处理的法律适用

（一）劳动争议处理法律适用的概念和特点

劳动争议处理法律适用，是指劳动争议处理机关依据劳动争议处理的实体法律规范和程序法律规范具体处理劳动争议案件，并作出决定的活动。与司法机关适用其他法律规范相比，劳动争议处理的法律适用虽有共同点，但又有其自身的特点。

1．适用主体特定

劳动争议处理法律适用由国家特定的主体适用，即企业劳动争议调解委员会、劳动争议仲裁委员会和人民法院，其他主体则无权适用。

2．适用对象特定

劳动争议处理法律适用只能针对属于劳动争议受案范围内的劳动争议的当事人，即国家法律规定劳动法律关系的当事人，一般是企业和职工，同时也包括属《劳动法》调整的其他用人单位和职工。

3．适用内容特定

劳动争议处理机关在适用法律规范时，主要适用劳动法律规范，包括劳动法律、法规和劳动规章等，也包括劳动合同、集体合同和企业规章这些劳动法律规范的延伸部分。由于劳动关系与其他社会关系有较密切的联系，有时也需要适用相关的民事、经济法律规范，但以适用劳动法律规范为主。

4．适用程序多元化

劳动争议处理由于是依照多层次、多程序进行的，因此法律适用的程序不像司法机关的法律适用只通过诉讼程序完成，而是有多种程序适用法律规范。当事人可自愿选择调解，由调解委员会在对双方争议的调解中适用法律规范；当事人如不愿调解或调解不成，则必须申请仲裁，由劳动争议仲裁委员会通过对争议进行法律适用作出裁决；当事人如不服裁决，还可向人民法院提起诉讼，由人民法院适用法律规范对案件作出最终的判决。

（二）劳动争议处理法律适用的意义

劳动争议处理法律适用是劳动法律规范得以具体实施的重要法律活动。劳动争议处理机关通过适用法律规范，将法律规范确定的原则、精神和内容具体适用于某一争议案件中，实现了国家对劳动关系的法律调整，使劳动关系能协调劳动。争议处理法律适用，这是劳动争议处理的中心环节。劳动争议处理的过程，实际就是争议处理机关具体应用法律规范的过程。劳动争议能否得到正确解决，关键就在于争议处理机关是否正确适用法律规范。适用法律规范贯穿于劳动争议处理的全过程，因此，正确适用法律规范对及时解决争议有重要意义。

劳动争议处理法律适用，是教育群众，提高公众法律意识的途径。正确适用法律规范，能使劳动争议当事人对法律有切身的了解，并且通过对劳动争议案件的处理，教育更多的企业经营者和职工，提高遵守法律的自觉性。

（三）劳动争议处理法律适用原则

劳动争议处理法律适用原则，是指劳动争议处理机关在依据法律处理争议时应遵循的指导思想和总的基本要求。劳动争议处理机关只有符合这些要求，才能保证正确处理劳动争议。

劳动争议处理法律适用的原则有以下三条：

1．合法原则

劳动争议处理机关在适用法律处理争议时，其本身必须依据法律的规定，不得违反法律。这包括两方面的内容，一是要符合实体法的规定，即争议处理机关在确认和处理当事人的权利义务时，必须以劳动争议实体法为依据，在查清案件事实的基础上，正确适用法律；二是要符合程序法的规定，即争议处理机关在受理、审理和作出决定的各个环节中，都必须严格依照劳动争议处理程序法的规定，以保证案件的公正处理。

2．准确原则

准确原则要求争议处理机关在适用法律处理争议时，不仅要合法，而且在认定案件事实，适用法律条文作出决定时更要准确无误，不得有偏差。随着我国改革的深入进行，劳动争议越来越复杂，案件事实千差万别，加之职工一方在劳动关系中所处的弱者地位，也会使案件事实变得复杂，争议处理机关必须在全面查清事实的基础上，准确认定事实真相，并根据认定的事实，准确地适用法律及其具体条文，从而作出准确的最终处理结果。

3．及时原则

劳动争议处理机关在处理劳动争议案件时，不仅要合法、准确，同时必须迅速及时，符合规定的时效。劳动争议与其他争议的区别之一，就是劳动争议对职工及其家人的生活有直接的影响，也影响到企业的正常生产，如久拖不决，极可能形成社会的不稳定因素。因此，要求对劳动争议的处理必须迅速快捷。根据《企业劳动争议处理条例》和《劳动法》的规定，调解委员会调解争议应在接到申请之日起 30 日内结束，仲裁委员会的仲裁应在收到仲裁申请的 60 日内作出。人民法院审理劳动争议案件的期限目前应符合《民事诉讼法》的规定。

（四）劳动争议处理中的法律适用冲突及其选择适用规则

1．劳动争议处理中的法律适用冲突

劳动争议法律适用冲突，是指争议处理机关在处理劳动争议的过程中，发现对同一法律事实或关系，有两个或两个以上的法律规范作出了不相同的规定，适用不同的法律规定，就会得出不同的处理结果。导致法律规范冲突的原因很多，如我国立法体制的复杂性、各地方的情况不尽相同以及各种立法之间缺乏必要的协调等，还有一个重要的原因是我国劳动关系的变化不仅迅速而且复杂，这就需要调整劳动关系的法律规范作出相应的反应，在适应这种变化的情况下，法律规范的冲突在所难免。

法律适用冲突的表现多种多样，就劳动争议处理法律规范的形式而言，较常见的冲突主要有：地方性法规与法律的冲突；规章与行政法规的冲突；规章与地方性法的冲突；法律解释与法律、法规、规章的冲突；地方性法规之间、规章之间的冲突等。

2. 法律冲突选择适用规则

法律冲突选择适用规则，是指劳动争议处理机关在处理劳动争议案件时，存在法律规范冲突的情况下，为解决适用何种规范问题而采取的方法和所遵守的规则。这对于正确适用法律有重要的意义。这些规则包括：

（1）当不同效力层次的规范发生冲突时，适用高层次的法律规范。即法律的效力高于行政法规和地方性法规；行政法规和地方性法规的效力高于部门规章和地方政府规章；部门规章和地方政府规章的效力高于其他规范性文件。

（2）当同级效力层次的规范发生冲突时，新法律优于旧法律；新法规优于旧法规；新规章优于旧规章；新规范性文件优于旧规范性文件。

（3）当地方劳动行政部门发现劳动和社会保障部的规章与国务院其他部门的规章或地方政府规章发生矛盾时，可将情况报告给劳动和社会保障部门，由劳动和社会保障部门报国务院法制局进行协调和决定。

第五节　我国劳动争议处理的范围

劳动争议处理的范围是指劳动争议处理机构受理劳动争议案件的范围。根据《劳动法》和《企业劳动争议处理条例》的规定，劳动争议处理机构的受案范围分为以下两种。

一、劳动争议处理的主体范围

劳动争议处理的主体范围是指哪些用人单位和职工能够成为劳动争议的当事人，并可以申请劳动争议处理机构处理争议。根据我国处理劳动争议的有关规定，劳动争议处理机构受理以下主体的争议。

（1）中国境内的企业、个体经济组织和与之形成劳动关系的劳动者。

这包括所有类型的企业，即无论是国有、集体企业，还是外商投资企业、私营企业或是乡镇企业，只要与劳动者发生了劳动关系并产生劳动纠纷，都将纳入劳动争议处理的范围。形成劳动关系有两种方式：一是订立劳动合同；二是未签订劳动合同却形成事实劳动关系。根据原劳动部颁发的《若干问题的意见》第 82 条的规定，用人单位与劳动者发生劳动争议，不论是否订立劳动合同，只要存在事实劳动关系，并符合《劳动法》的适用范围和《企业劳动争议处理条例》的受案范围，都可以向劳动争议处理机构提请劳动争议处理。

（2）国家机关、事业单位、社会团体与本单位的工人以及与之建立劳动合同关系的劳动者。

《若干问题的意见》规定，公务员和比照实行公务员制度的事业组织和社会团体的工作人员不适用《劳动法》，这些人员如与单位发生劳动争议不属于劳动争议处理机构的受案范围，可依照公务员管理的有关规定处理，而这些单位与其工人和与之签订劳动合同的劳动者发生的劳动争议则由劳动争议处理机构受理。

（3）实行企业化管理的事业单位与其工作人员，个体工商户与帮工、学徒以及军队、武警部队的事业组织和企业与其无军籍的职工。

根据原劳动部的意见规定，在实行企业化管理的事业单位中工作的人员、帮工、学徒及在军队、武警部队的事业组织和企业中工作的无军籍职工均适用《劳动法》，因此，如与所在单位发生劳动争议，只要符合劳动争议的受案范围，单位及其人员均属劳动争议处理的主体范畴。与1987年的《国营企业劳动争议处理暂行规定》相比，《劳动法》和《企业劳动争议处理条例》在主体的适用范围上有了明显的变化，即扩大了主体的适用范围。而前者只适用于国有企业，其主体范围过窄。随着改革开放的深入进行我国所有制结构发生了深刻变化，外商投资企业、乡镇企业和私营企业等不同类型的企业得到了迅猛发展，已成为我国经济成分中的重要补充形式。与国有企业劳动争议相比，这些企业的劳动争议数量多，内容复杂，而且极易导致矛盾恶化。但由于《国营企业劳动争议处理暂行条例》将国有企业以外的其他企业和职工都排除于劳动争议受理范围之外，使这些企业劳动争议处理无法可依，不仅使职工合法权益得不到维护，也影响到企业正常的生产经营秩序，同时还给社会带来不稳定因素。

因此，《劳动法》和《企业劳动争议处理条例》打破了所有制的界限，将所有企业劳动争议的处理都纳入法制化轨道，从而适应了市场经济法制化的要求。劳动争议主体范围的扩大，标志着我国劳动争议处理制度的进一步成熟。

二、劳动争议处理的内容范围

根据《企业劳动争议处理条例》第2条的规定，劳动争议处理机构受理以下争议：

（1）因企业开除、除名、辞退职工和职工辞职、自动离职发生的争议；

（2）因执行国家有关工资、保险、福利、培训、劳动保护的规定发生的争议；

（3）因履行劳动合同发生的争议；

（4）法律、法规规定的应当依照《企业劳动争议处理条例》处理的其他劳动争议。

1994年7月颁布的《劳动法》在《企业劳动争议处理条例》的基础上再次扩大了劳动争议处理机构的受案范围。《劳动法》第3条对劳动者的劳动权利作了进一步明确的规定："劳动者享有平等就业选择职业的权利、取得劳动报酬的权利、休息休假的权利、获得劳动安全卫生保护的权利、接受职业技能培训的权利、享受社会保险和福利的权利、提请劳动争议处理的权利以及法律规定的其他劳动权利。"用人单位如侵犯劳动者的权利，劳动者可依照上述规定，向劳动争议处理机构申请处理。

根据《劳动法》第1条、第18条、第20条、第24条至第32条、第35条、第84条、第97条至第99条、第102条，《企业劳动争议处理条例》第2条，《对"关于用人单位要求在职职工缴纳抵押性钱款或股金的做法应否制止的请示"的复函》（劳办发[1995]150号），《关于禁止用人单位录用职工非法收费的违知》（劳部发[1995]346号）等文件精神，包括：①因用人单位开除、除名、辞退职工和职工辞职、自动离职发生的争议；②因执行有关工资、保险、福利、培训、劳动保护的规定发生的争议；③因履行劳动合同（包括执行、变更、解除、终止劳动合同）发生的争议；④因认定无效劳动合同、特定条件下订立劳动合同发生的争议；⑤因职工流动发生的争议；⑥因用人单位裁减人员发生的争议；⑦因经济补偿和赔偿发生的争议；⑧因履行集体合同发生的争议；⑨因用人单位录用职工等情况下非法收费发生的争议；⑩法律、法规规定当事人可以申诉的其他劳动争议。

第四章　劳动监督与维权

第一节　劳动争议协商

一、劳动争议协商的概念

协商是解决一切争议的最好方式。劳动争议协商，是指劳动争议发生后，用人单位与劳动者共同进行商谈并达成和解协议，以解决争议的行为。《劳动法》第 77 条规定："用人单位与劳动者发生劳动争议，当事人可以依法申请调解、仲裁、提起诉讼，也可以协商解决。"《企业劳动争议处理条例》第 6 条也规定："劳动争议发生后，当事人应当协商解决；不愿协商或者协商不成的，可以向本企业劳动争议调解委员会申请调解；调解不成的可以向劳动争议仲裁委员会申请仲裁。对仲裁不服的，可以向人民法院起诉。"可见，当事人双方协商解决劳动争议，是我国法律、法规提倡的解决劳动争议的方式之一。

二、劳动争议协商的特征

劳动争议协商作为我国处理劳动争议的一种方式，具有以下特征。

1．自愿性

劳动争议协商必须以双方当事人自愿为前提，这是协商的基础，如果不是出于自愿，协商则不可能进行。自愿性表现在是否通过协商解决争议，必须是双方当事人的自愿行为；经协商达成的和解协议必须是双方意志的体现，一方不能强迫另一方接受其不愿接受的条件；和解协议的履行必须由当事人自觉自愿地履行，一方不能强迫另一方履行和解协议；当事人不愿协商或者协商不成时，有权自主决定申请调解或仲裁，任何组织和个人无权干涉。

2．灵活性

劳动争议协商是由争议双方当事人自主解决劳动争议的方式之一，与劳动争议调解、仲裁和诉讼相比，具有简便、灵活和快捷的特点。劳动争议发生后当事人双方可以随时就争议的具体事项进行商谈，协商方式也由当事人自主选择。通过协商，能使劳动争议在较短的时间内得到妥善的解决。

3．可选择性

劳动争议协商虽然具有简便、灵活和快捷的优势，是我国法律所提倡的解决争议的方式，但是它不是处理劳动争议的法定必经程序。劳动争议发生后，当事人可以选择通过协商解决；如果当事人不愿协商，可以选择向企业劳动争议调解委员会申请调解，或者直接向劳动争议仲裁委员会申请仲裁。

三、劳动争议协商的作用和意义

（1）有利于在友好的气氛中消除矛盾，维护稳定协调的劳动关系。

协商是劳动争议当事人为解决双方矛盾自愿进行商谈的行为。由于协商是双方自愿进行的，表明双方在主观上都愿意使矛盾尽快解决，以保持继续合作共事的良好关系，而不愿意使矛盾扩大，这使协商能在一个友好和谐的气氛中进行。双方在这样的氛围中坦诚相见，互谅互让，一方面有利于争议的及时解决；另一方面，达成的协议也易于被执行。这种自主协商解决的方式，由于双方未伤和气，因此，双方之间的劳动关系能够继续保持稳定和协调。

（2）有利于争议及时解决，避免矛盾进一步扩大和激化。

协商是劳动争议调解和仲裁的前置程序，具有简易的特点，是争议双方解决争议最便捷的方式。劳动争议发生后，当事人双方随时随地可以进行协商，协商的方式也是多种多样，不受任何时间和条件的限制，有利于在较短时间内迅速解决争议，将矛盾化解在基层，及时恢复正常的劳动关系，防止矛盾进一步扩大。

（3）有利于减轻劳动争议仲裁组织和人民法院的压力。

随着社会主义市场经济体制的建立和发展，我国劳动关系日益复杂，劳动争议不断增多。而在发生劳动争议后，大多数当事人都选择申请仲裁和诉讼，导致大量劳动争议案件集中在劳动争议仲裁和诉讼阶段中。劳动争议当事人通过协商解决争议，不仅能极大地缩短争议处理的时间，还可以减轻仲裁机构和人民法院的压力，使这些机构集中处理那些重大复杂的劳动争议案件，使其更好地协调劳动关系，维护社会稳定。

（4）有利于减少因争议处理带来的损失。

通过协商解决劳动争议，是当事人双方解决争议最为经济的方式。由于协商没有程序性的规定和时间的要求，不需要法定第三方介入，更不需要缴纳费用，因此，当事人协商自主解决争议可以最大限度降低解决争议的成本，减少因处理争议带来的人力、物力和时间的浪费。

（5）符合劳动力弱势地位保护的客观实际。

市场经济初期，劳动力供过于求的劳动力市场总体供求态势，加大了劳动力供求双方力量的不均衡。对大多数劳动者而言，无论采取仲裁还是采取诉讼方式解决劳动争议，需要付出的时间代价与物力成本均远远高于采取协商方式付出的要素成本。选择协商方式在最短的时间内解决劳动争议，以最低的成本、最高的效率解决劳动争议，可以较好地保护处于弱势地位的劳动者的权利。

四、劳动争议协商的原则

劳动争议协商虽然是争议双方当事人自主进行的协商，但由于劳动争议协商是我国劳动争议处理法律制度的一部分，因此，协商也必须与其他劳动争议处理制度一样，必须遵守劳动争议处理的一般原则，依法进行。劳动争议协商除必须坚持劳动争议处理的一般原则外，根据协商的特点还必须坚持以下原则：

1．主体合法原则

这一原则要求劳动争议协商的当事人必须是符合《劳动法》规定的，与该争议有直接利害关系的劳动关系双方，一方是用人单位；另一方是该用人单位的劳动者。集体合同争议作为特殊的劳动争议，其主体一方是用人单位，而另一方必须是代表劳动者利益的用人单位工会或职工代表。只有合法的主体所进行的协商才是有效的。

2．坚持平等协商原则

这是劳动争议协商的重要条件和前提。根据《劳动法》的规定，劳动者和用人单位作为劳动法律关系的主体，虽然两者存在着隶属关系，但在法律上双方地位是平等的，都享有劳动权利和承担相应的义务。劳动争议发生后进行协商时，双方就是平等的争议主体，应坚持平等协商的原则，以平等的态度进行对话和商谈，不能将自己的意志强加于对方，并给对方施加压力，强迫对方接受不愿意接受的条件。如果劳动争议协商不是在平等基础上进行的，不仅失去协商的意义，更会为今后劳动争议的发生留下隐患。

3．坚持合法协商的原则

劳动争议协商是劳动争议双方当事人经协商一致自主解决劳动争议的行为。但是，这并不意味着当事人可以任意处分自己的权利。通过协商解决劳动争议必须有利于维护当事人的合法权益，双方经协商一致达成的和解协议，必须符合国家法律、法规和规章的规定，符合依法制定的集体合同、劳动合同和企业规章制度的规定。如果借协商之名，损害国家利益和他人利益，这种协商是违法的，是与劳动法规定的通过协商解决争议的目的相背离的。

五、劳动争议协商的形式

劳动争议协商的形式可以是灵活多样的。根据劳动争议的具体情况以及解决的难易程度，劳动争议协商主要有以下几种形式：

1．即时协商

即时协商，是指在劳动争议发生后，劳动者和用人单位马上进行协商，并在短时间内达成和解以解决劳动争议的方式。即时协商一般适用于简单劳动争议，即争议事实清楚、内容单一、标的不大且解决难度较小的劳动争议。即时协商是劳动争议协商中最普遍应用的也是非常灵活的方式。这种方式可及时沟通，在短时间内迅速解决争议，从而避免矛盾进一步扩大。

2．协商会议

协商会议，是指劳动争议双方当事人的代表通过召开会议进行共同协商以解决争议的方式。协商会议的方式适用于较复杂的劳动争议，即争议内容复杂、涉及人数较多且争议标的较大的劳动争议。由于这类争议可能涉及劳动者的人数较多，可由劳动者一方选择参加协商的代表，也可以委托单位工会干部作为代表参加协商。协商会议的方式较即时协商的方式要正式，由双方代表在会议上陈述各自一方的观点和理由，并提出解决争议的方案。通过共同协商，双方所达成的和解协议应为书面形式，并对所有当事人具有约束力。

3．集体合同争议协商

集体合同是企业工会代表职工与企业签订的有关保护职工劳动权益的协议。集体合同争议包括工会与企业因签订集体合同发生的争议和因履行集体合同发生的争议。根据《劳动法》的规定，在集体合同争议发生后，协商是解决争议的必经程序。当事人双方即企业工会和企业行政应当就争议的事项进行平等协商，经协商达成一致的，应制作协议书。协议书经工会和企业代表签字盖章后，即发生法律效力，对企业和企业全体劳动者都有约束力。因签订集体合同发生的争议，当事人协商不成的，由当地人民政府劳动行政部门组织有关各方协调处理；因履行集体合同发生的争议，当事人协商不成的，可以向劳动争议仲裁委员会申请仲裁；对仲裁裁决不服的，可以向人民法院提起诉讼。

六、工会与劳动争议协商

工会在劳动争议协商处理中起着极为重要的作用。1995 年 8 月 17 日全国总工会颁布的《工会参与劳动争议处理试行办法》第二章对工会参与劳动争议协商作出了具体的规定。

第 6 条：劳动争议协商是指劳动争议双方当事人就协调劳动关系、解决劳动争议进行商谈的行为。

第 7 条：发生劳动争议，工会可以接受职工及用人单位请求参与协商，促进争议解决。

第 8 条：工会发现劳动争议，应主动参与协商，及时化解矛盾。

第 9 条：劳动争议双方当事人经协商达成协议的，工会应当督促其自觉履行。

第 10 条：劳动争议双方当事人不愿协商或协商不成的，工会可以告知当事人依法申请调解或仲裁。

在用人单位与劳动者之间发生劳动争议后，工会组织可以受争议双方的请求也可以主动参与劳动争议的协商处理，在协商解决劳动争议的过程中，工会组织有责任和义务为争议双方提供必要的咨询与服务，促成争议解决。当劳动争议双方就争议达成协议后，工会应当督促争议双方自觉履行协议，当劳动争议双方当事人不愿协商或协商不成的，工会可以告知当事人依法申请调解或仲裁。

第二节 劳动争议调解

一、调解的概念和特征

任何争议都有化解的渠道，都有实现矫正被争议或纠纷扭曲的社会关系的程序。和解、斡旋、调停、调解、仲裁和审判是通常解决纠纷的表现形式，其中既有以和解与调解为代表的私力救济方式，也有以仲裁和审判为代表的公力救济方式。

我国《劳动法》规定了企业内部设立劳动争议调解委员会用以调解用人单位与劳动者发生的劳动争议。近年来，随着市场经济体制的逐步确立，我国经济结构战略性调整步伐加快，社会经济成分、组织形式、利益关系和分配方式等日趋多元化，各种利益矛盾进一步显现，劳动关系发生了深刻变化，企业内部利益摩擦不断增多，因违反《劳动法》、侵犯职工合法权益而引发的劳动争议特别是集体劳动争议逐年增加。在外部的劳动力市场上，由于劳动力的供给与需求严重失衡，在劳资双方谈判时，双方的法律地位在事实上是不平等的，在确定劳动合同条款时往往演化成了用人单位拿出早已草拟好了的格式合同，很难做到事实上的平等、自愿、协商。在内部劳动力市场上，劳资双方在博弈过程中，劳动者始终处于弱势地位，他们与用人单位存在一种依附关系，劳动者与用人单位在履行劳动合同的过程中，用人单位在使用附属于劳动者身上的劳动力时，实际上是劳动者生命的消耗过程。因此，与劳动力需求相比，劳动者面临更多的威胁。通过调解解决劳动争议，可以从根本上化解劳动纠纷，促使双方继续合作，从而最大程度地维护劳动者的权益，也使用人单位降低由于员工流失造成的经济损失。

所谓调解，是指在与争议无利害关系的第三人的主持下，在查清事实、分清是非的基础上，通过说服、劝导争议双方通过民主协商，互谅互让，达成协议，从而消除争议的方法和活动。

调解具有三个特征：

（1）调解是在第三人主持下进行的，但无公断权。第三人可以是个人，也可以是组织。调解人不具有公断权，调解人不能将自己的意志强加于争议的当事人。

（2）调解的方法是说服教育和劝导协商。调解是以对当事人说服教育的方式进行的，要晓之以理，动之以情，排除任何压服的做法，使当事人从内心接受调解意见，从而缓和矛盾，解决纠纷。

（3）调解的前提是双方当事人完全自愿。调解是在双方当事人自愿申请的基础上进行的，调解协议也是双方当事人互谅互让、自愿协商的结果，调解协议又是在当事人自觉的基础上执行的。调解人不得有任何勉强，不得用任何强迫或者变相强迫的方法，迫使当事人接受自己提出的调解意见。因此，调解活动的方式和性质与仲裁、诉讼活动有着明显的区别。

二、劳动争议调解的概念及特征

（一）劳动争议调解的概念

劳动争议调解是指在劳动争议调解机构的主持下，在查明事实、明辨是非、分清责任的基础上，依照法律、法规、政策和道德规范，通过民主协商，劝导争议双方当事人互相谅解，达成协议，从而解决矛盾的一种方式。

劳动争议调解具有调解的一般特征。在我国的劳动争议调解制度中，劳动争议的调解有广义和狭义之分。广义的劳动争议调解包括用人单位劳动争议调解委员会的调解，劳动争议仲裁委员会的调解以及人民法院的调解；狭义的劳动争议调解仅指企业劳动争议调解委员会的调解。本章所阐述的是狭义的企业劳动争议调解委员会的调解。

（二）劳动争议调解的特征

1. 调解主体特定

调解机构不是国家机关。劳动争议调解机构是设在企业中的劳动争议调解委员会，它是劳动争议处理的法定机构，其机构的设立、人员的组成都由法律规定。其他调解组织和仲裁机构的调解都不属于劳动争议调解。

2. 调解过程具有任意性

企业劳动争议调解委员会的调解，基本上不受固定程序和形式的约束，调解的方式较灵活，以彻底解决纠纷、稳定劳动关系为目的。

3. 非诉讼性

这是劳动争议调解的突出特点。企业劳动争议调解与仲裁、审判活动不同，调解活动参加人不具有诉讼活动中的权利与义务，调解委员会没有对劳动争议的强制处理权，经调解达成的协议没有法律强制力的保证，不具有强制执行的效力。

三、我国的劳动争议调解组织及调解原则

我国的劳动争议调解组织有两种：一种是设在用人单位内部的劳动争议调解委员会，另一种是在城镇和乡镇企业集中的地方设立的区域性劳动争议调解指导委员会。

（一）劳动争议调解委员会的设立

《劳动法》第 80 条规定："在用人单位内，可以设立劳动争议调解委员会。劳动争议调解委员会由职工代表、用人单位代表和工会代表组成。"《企业劳动争议处理条例》第 7 条规定："企业可以设立劳动争议调解委员会。调解委员会负责调解本企业发生的劳动争议。"

根据《劳动法》和《企业劳动争议处理条例》的规定，劳动争议调解委员会的设立有以下几种情况：

1. 在企业设立劳动争议调解委员会

这是目前劳动争议调解委员会设立的主要形式。在企业设立劳动争议调解委员会，是为了及时处理发生在企业内部的劳动争议，以保护企业与职工的合法权益，维护企业正常的生产秩序。企业设立劳动争议调解委员会的有利之处在于：

（1）调解程序简便，有利于劳动争议的及时处理。调解是一种非诉讼方式，其程序要求不是很严格。争议发生后，双方当事人在调解委员会的规劝疏导下，通过协商，可以使争议在短时间内得到解决。

（2）争议环境熟悉，有利于争议的合理解决。调解委员会的工作人员对本单位的劳动争议发生的环境比较熟悉，便于查明事实，分清是非，提出切实可行的调解方案，使调解协议能够得以顺利履行。

（3）调解方式和缓，有利于争议双方当事人继续维持正常的劳动关系。调解的目的是力求使争议的双方当事人在相互谅解的基础上达成协议。这种方式不会伤害当事人的感情，并为今后劳动关系的和谐稳定和发展奠定基础。

（4）通过企业内部劳动争议的调解，有利于增强职工的法制观念。同时，大量的劳动争议在基层得到解决，可以减轻劳动争议仲裁部门和人民法院的业务压力。

企业调解委员会可以设置一级劳动争议调解委员会，在设有分厂的企业还可以设置二级调解委员会。总厂（总公司、总店）设置一级调解委员会，分厂设置二级调解委员会。设置二级调解委员会，可以使矛盾尽快得以解决。

2. 在其他用人单位设立劳动争议调解委员会

目前，我国的劳动争议调解委员会主要设在企业一级，除企业外的其他用人岗位设

立调解委员会的还不多。其主要原因是我国《劳动法》的适用范围还不宽，事业单位和社会团体的工作人员与单位的争议还未全面纳入劳动争议的处理范围内。随着我国事业单位和社会团体的改革和劳动法调整范围的扩大，这些单位的争议势必增多。2002 年 7 月，国务院办公厅转发了《关于在事业单位试行人员聘用制度的意见》，规范了事业单位聘用合同管理制度。2003 年颁布的《最高人民法院关于人民法院审理事业单位人事争议案件若干问题的规定》实现了聘用合同管理与劳动法的接轨。为及时解决争议，在这些用人单位中设立调解委员会将是今后我国劳动争议调解组织的发展方向。

（二）劳动争议调解委员会的组成

根据《劳动法》和《企业劳动争议处理条例》的规定，劳动争议调解委员会由职工代表、用人单位代表和工会代表三方组成。其中，职工代表由职工代表大会或职工大会推举产生；用人单位代表由其法定代表人指定，企业调解委员会的企业代表由厂长或经理指定；工会代表由用人单位工会委员会指定。调解委员会由三方组成，表明了其组织构成的公正性，是劳动争议处理三方原则在调解委员会的具体体现。劳动争议调解委员会由三方组成，有利于各方在调解中充分表达当事人特别是有利于职工一方的意愿和要求，有利于调解委员会在充分听取各方意见的基础上全面了解案情，提出恰如其分的调解方案，同时也有利于双方的沟通，及时化解矛盾，防止在用人单位内部出现偏袒一方的不公正情况。这里需要注意的是，三方代表中的具体人选可能具有双重身份，如国有企业的企业代表同时又具有职工的身份，工会代表同时又兼任行政职务等，对此，《企业劳动争议调解委员会组织及工作规则》规定：各方推举或指定的代表只能代表一方参加调解委员会。因此，无论调解委员会委员原有的身份和职务如何，只要被职工推举或被用人单位指定参加调解委员会，就只能代表一方参加劳动争议的调解工作。

劳动争议调解委员会人员的具体人数由职工代表大会提出，并与用人单位的法定代表人协商确定，用人单位的代表人数不得超过调解委员会成员总数的 1/3。女职工人数较多的单位，调解委员会成员中应当设立女职工代表。没有成立工会组织的用人单位，调解委员会的设立及组成由职工代表与企业代表协商。

《企业劳动争议处理条例》规定调解委员会主任由企业工会代表担任，调解委员会的办事机构设在企业工会委员会。这一规定在一定意义上明确了企业劳动争议调解工作由工会负责的原则。由于企业中普遍建立了工会组织，又有人员、场地等条件的保障，更为重要的是工会组织是职工合法权益的代表者和维护者，维护职工合法权益是其基本职责，而主持调解工作是其维权的重要手段，工会是企业和职工联系、沟通的桥梁和纽带，由工会主持调解，能增强职工对劳动争议调解委员会的信任，也可使调解委员会能在整体上达到公正和公平，有利于劳动争议调解工作的顺利进行。但是随着市场经济体制的逐步确立，劳动者和用人单位成为劳动力市场中的平等主体，工会是劳动者合法权益的代表者和维护者，这也使得企业劳动争议调解委员会中的工会代表缺乏中立性，难以居中调解用人单位和自己所代表的劳动者之间的劳动争议。因此，在实践中，调解委员会要做到真正的中立、公正，还有待于法律的不断完善，工会职能的完全行使和权利的充分保障。

劳动争议调解委员会委员应当由具有一定劳动法律知识、政策水平和实际工作能力，办事公道、为人正派且能密切联系群众的人担任。调解委员会委员调离本单位或需要调整时，应当由原推举单位或组织按规定另行推举或指定。为保证劳动争议调解委员会正常开展工作，《工会参与劳动争议处理试行办法》第 15 条规定："劳动争议调解委员会委员调离本单位或需要调整时，应由原推举单位或组织在 30 日内依法推举或指定人员补齐。调解委员会委员调离或调整过半数以上的，应按规定程序重新建立。"调解委员会调整及补充名单应报送地方劳动争议仲裁委员会和地方总工会法律工作部备案。

（三）劳动争议调解委员会的性质

劳动争议调解委员会是设在企业内的调解组织，在企业内具有相对独立的地位，它不隶属于任何一个机构或组织。从我国现行劳动争议处理法规规定的内容来看，它主要有以下的性质：

1．法定性

企业劳动争议调解委员会是企业设立的调解组织，其组成人员和组成办法是法定的。其人员构成的三方原则、当事人申请调解的程序、申请调解应遵循的回避原则及调解委员会的调解规则都是由法律规定的，受到国家法律的支持和保护，是企业内部民主法制建设的重要组成部分。

2．独立性

企业调解委员会作为企业内部劳动关系的协调机构，有其相对独立的地位。主要表现在三方面：①机构设置独立。劳动争议调解委员会由三方代表组成的机构，在用人单位中具有相对独立的地位，它不隶属于任何一个机构或组织，尤其是独立于单位行政和劳动者之外。调解委员会的办事机构设在企业工会委员会。②调解活动具有独立性。调解委员会在调解工作中，依照既定的调解程序进行，不受企业内外任何个人、国家行政机关、司法机关的干预。调解人员可以听取调解委员会以外的相关人的意见，并在调解建议中采纳。但是，意见采纳与否，取决于调解委员会，任何人均无权强迫采纳。劳动争议仲裁委员会与企业调解委员会只存在业务指导关系，不是领导与被领导关系。③调解依据具有独立性。调解委员会在调解工作中的依据是国家有关的劳动政策法规，有效劳动合同和其他法律文件、合法的劳动纪律和企业规章制度。来自局外人的议论或者企业领导人的旨意均不能作为调解人员提出调解意见的依据。

3．专一性

劳动争议调解委员会是一个调解组织，是专门做调解工作的，不是其他群众性组织。它的任务是调解企业和职工因实现劳动权利与履行劳动义务所发生的劳动争议，企业内部发生的其他民事、经济纠纷，以及生产经营中的问题，不属调解委员会的调解范围。因此，企业调解组织的职责范围具有专一性。

（四）企业调解委员会的职责

企业劳动争议调解委员会根据其组织性质，按照立法规定的范围，以及它作为企业内部劳动关系协调机制应当发挥的作用，主要应当履行以下职责。

（1）按照立法程序的原则和范围，调解处理本企业内企业行政与职工发生的劳动争议。这是调解委员会最主要也是最基本的职责。劳动争议发生后，劳动争议调解委员会应依法及时介入，对双方当事人争议进行调解，以使争议得到及时解决。根据《企业劳动争议调解委员会组织及工作规则》的规定，调解委员会依法调解下列劳动争议：

1）因企业开除、除名、辞退职工和职工辞职、自动离职发生的争议；

2）因执行国家有关工资、社会保险、福利、培训、劳动保护的规定发生的争议；

3）因履行劳动合同发生的争议；

4）法律、法规规定的应当调解的其他劳动争议。

（2）积极宣传劳动法律法规和政策，并做好咨询服务工作，增强企业行政的民主意识和法制观念，提高职工遵纪守法的观念，积极预防劳动争议。

（3）积极配合企业行政做好违纪职工思想教育和转化工作，发挥调解委员会在企业处理违纪职工工作中的助手作用，努力消除劳动争议隐患。

（4）回访、检查当事人执行调解协议情况，督促双方当事人认真履行调解协议。

（5）根据劳动争议调解委员会规则和本企业具体情况，制定企业劳动争议调解制度，及时总结、交流劳动争议调解工作经验。

（6）接受当地劳动争议仲裁委员会的业务指导，承办仲裁委员会委托的事项。

（7）认真执行职工代表大会的各项决议，完成职工代表大会交给的各项任务。

（五）企业劳动争议调解委员会主任和调解委员会委员的职责

1．企业劳动争议调解委员会主任的职责

（1）对企业劳动争议调解委员会无法决定是否受理的调解申请，作出受理与否的决定；

（2）决定企业劳动争议调解委员会委员的回避；

（3）及时指派调解委员调解简单劳动争议；

（4）主持调解委员会会议，以确定调解方案；

（5）召集由调解委员、劳动争议双方当事人参加的调解会议，依法主持调解。

2．企业劳动争议调解委员会委员的职责

（1）依法调解本单位的劳动争议；

（2）保证当事人自愿调解、申请回避和申请仲裁的权利；

（3）自劳动争议发生之日起 30 日内结束调解，到期未结束的视为调解不成，告知当事人可以申请仲裁；

（4）督促劳动争议双方当事人履行调解协议；

（5）及时做好调解文书及案卷的整理归档工作；

（6）做好劳动争议的预防工作。

（六）企业劳动争议调解委员会的工作制度

1．劳动争议调解登记制度

建立劳动争议调解登记制度是为了及时、全面地了解本单位发生的劳动争议及其处理情况。劳动争议调解委员会应印制《调解登记》，内容包括调解申请及调解情况两部分。调解申请部分应记述申请日期、申请人和争议事由。调解情况部分应记述是否结束调解申请、调解时间和调解结果。调解登记制度要求企业劳动争议调解委员会委员对本

单位申请调解的劳动争议情况及时登记，文字应当简明扼要。

2．劳动争议调解档案管理制度

劳动争议调解委员会档案管理工作主要包括两部分内容：一是建立劳动争议调解卷。应将调解申请书受理通知、调解取证材料、调解记录、调解协议书和调解意见书以及善后工作记录归档。二是建立调解委员会工作卷。应将分析统计资料、调解委员会记录、调解委员会委员调整补充文件、上级工会劳动争议调解委员会的指导文件以及信息资料归档管理。劳动争议调解委员会应参照档案法和有关档案管理的规定，结合劳动争议调解工作的实际，建立档案管理制度。

3．劳动争议案例分析统计制度

劳动争议调解委员会的统计分析通常包括以下内容：①统计数字。如没有分厂分店的企业所建劳动争议调解委员会的数量；调解委员会中职工代表、用人单位代表、工会代表人数；申请调解的劳动争议数量；不同的劳动争议分类数量，如劳动合同争议数、劳动报酬争议数、职工福利和保险待遇争议数、女工特殊保护争议数；经调解达成协议数、不服调解申请仲裁的争议数。②劳动争议调解情况分析。包括对劳动争议与本单位劳动关系状况的分析、对劳动争议产生原因和规律的分析、对调解工作的分析等，最后提出调解委员会的建议及对策。

4．劳动争议调解回避制度

根据《企业劳动争议调解委员会组织及工作规则》第 19 条的规定，企业劳动争议调解委员会成员有下列情形之一者，当事人有权以口头或书面形式提出申请，要求其回避：

（1）是劳动争议当事人或者当事人近亲属的；

（2）与劳动争议有利害关系的；

（3）与劳动争议当事人有其他关系，可能影响公正调解的。

5．企业劳动争议调解委员会会议制度

即调解委员会定期召开调解委员会会议的工作制度。调解委员会会议的内容包括：研究劳动争议情况及调解方案，研究解决劳动争议调解中的问题，研究劳动争议预防工作，组织劳动争议调解委员会学习有关政策法规、先进经验，不断提高劳动争议调解委员会的整体素质和水平。

四、区域性劳动争议调解指导委员会

区域性劳动争议调解指导委员会是县以上地方总工会在城镇和乡镇集中的地方设立的劳动争议调解指导组织。设立这一组织，有利于加强工会对劳动争议调解委员会的工作指导，有利于将区域内非公有制单位的劳动争议解决在基层，减少劳动争议仲裁委员会的压力，同时也有利于及时妥善地调解集体劳动争议。

（一）区域性劳动争议调解指导委员会的设立及其人员构成

按照《工会参与劳动争议处理试行办法》第 17 条的规定：工会可以在城镇和乡镇企业集中的地方设立区域性劳动争议调解指导委员会。区域性劳动争议调解指导委员会可以邀请劳动行政部门代表和社会有关人士参加。区域性劳动争议调解指导委员会名单应报上级地方总工会和劳动争议仲裁委员会备案。

区域性劳动争议调解委员会由工会代表、劳动行政部门的代表及社会有关人士代表三方组成。工会代表可以由地方总工会派代表兼任，也可以由区域内企业工会推举产生；劳动行政部门的代表，经地方总工会邀请由劳动行政部门指派；社会有关人士代表，应包括用人单位代表还可以是专家学者和律师。社会有关人士代表经地方总工会邀请参加，用人单位代表可以由区域内的用人单位推举产生。区域性劳动争议调解指导委员会主任由地方总工会派出的代表担任。区域性劳动争议调解委员会名单应报上级地方总工会和当地劳动争议仲裁委员会备案。

（二）区域性劳动争议调解指导委员会的职责

根据《工会参与劳动争议处理试行办法》第 18 条规定：区域性劳动争议调解指导委员会指导本区域内劳动争议调解委员会的调解工作，并调解未设调解组织的用人单位的劳动争议。因此，区域性劳动争议调解指导委员会的职责为：①指导本地区内劳动争议调解委员会的工作，包括政策法规指导、工作方法指导以及对调解具体的劳动争议的指导。②指导劳动争议预防工作，注意发现本区域内企业劳动争议发生的规律，研究预防政策、争取最大限度地防止争议的发生并把争议解决在萌芽状态。③接受上级工会和劳动争议仲裁委员会的指导，及时向本级区域内劳动争议调解委员会传达上级工会的指导意见，如实反映本区域内企业劳动关系、劳动争议和劳动争议调解工作的情况。④调解本区域内未成立劳动争议调解委员会的企业的劳动争议，主要是调解外商投资企业、私营企业、乡镇企业的劳动争议。

五、我国劳动争议调解的特有原则

劳动争议处理的一般原则，就是在处理劳动争议案件过程中的各个阶段上起指导作用的准则，包括注重调解、及时处理的原则，在查清事实的基础上依法处理的原则，当事人在适用法律上一律平等的原则。一般原则体现了法制的基本原则，给企业调解活动、仲裁活动、人民法院的诉讼活动中的参加人指明了方向，提出了总体要求。但是，在劳动争议处理的各个阶段，由于处理劳动争议的主体不同，处理的依据不同，以及处理的效力和后果不同，企业劳动争议调解、劳动争议仲裁、劳动争议诉讼制度也有其基于有关法律和自身活动规律派生的特有准则。这些在各个阶段上起指导作用的准则，分别反映了企业调解、仲裁、司法审判的性质、特点和作用。掌握这些原则有利于劳动争议处理活动参加人领会各种处理制度和具体程序的立法精神实质，继而可以解决实际生活中存在但法律尚无明确规定的一些具体问题。

根据我国劳动争议处理立法规定，以及从我国劳动争议处理的活动中总结出来的具有规律性的经验，普遍适用企业劳动争议调解的特有原则有以下四项：

（一）自愿原则

《企业劳动争议处理条例》规定：“调解委员会调解劳动争议应当遵循当事人双方自愿原则，经调解达成协议，制作调解协议书，双方当事人应当自觉履行。”自愿原则是指调解委员会在受理争议、调解争议、达成协议、履行协议的整个过程中，必须尊重双方当事人意愿，采取民主说服教育方式，不得压服、强迫。

遵循自愿原则的理由有：从主体上看，企业劳动争议调解委员会只是群众性组织，不具有国家权力，没有权力对当事人采取诸如责令、扣押、处罚、执行等强制性措施；从调解性质来看，调解既不是仲裁也不是判决，调解协议是双方在互谅互让的基础上作出的，必须以自愿为前提，也只有建立在双方自愿的基础上，才能使他们对调解委员会产生信任感，积极配合，保证双方当事人恪守承诺，有利于彻底解决纠纷，避免和减少争议解决后再出现反复；从结果上看，只有在自愿基础上达成协议，才能使双方做到心服口服，协议才可能被当事人自觉履行。自愿原则包含紧密相连、缺一不可的四个方面的内容。

1．当事人申请调解自愿

劳动争议发生后，只有在当事人双方都同意并向企业劳动争议调解委员会申请调解时，调解委员会才能调解。这是调解得以进行的前提条件。如果当事人不申请调解，或者一方当事人不同意调解，或是不愿意接受某个调解人员的调解，调解委员会和调解人员都不得强行调解。

2．调解过程民主

调解争议过程中，调解主持人要作风民主，耐心听取双方当事人意见，充分尊重和理解当事人的意愿，晓之以理，动之以情，通过说服教育的方式，宣传政策和法律、法规，不能居高临下，实行高压政策，更不能采取经济和人身处罚等手段。

3．自愿达成调解协议

调解协议只能在双方当事人自愿的基础上达成。调解协议所明确界定的双方的权利义务关系、责任承担、履行的期限和方法等，都必须出于双方当事人自愿或同意，不能勉强。不能在双方当事人相互还未达成谅解共识的情况下，强迫或诱使他们达成协议，或者在当事人不接受调解意见、不愿达成调解协议情况下，调解委员会强行作出决定。

4．自愿履行协议

调解协议的履行应当由双方当事人自觉进行，调解委员会可以通过检查，督促动员双方如期履行。在双方当事人达成调解协议后，如一方当事人反悔，不履行调解协议，调解委员会不得强制当事人履行调解协议，也不能阻挠或干涉其申请仲裁。因为调解协议不是法律文书，不具有强制执行的法律效力。当事人反悔，应当允许并告知其向有管辖权的劳动争议仲裁委员会申请仲裁。

（二）民主协商原则

民主协商原则，是指企业劳动争议调解委员会在处理劳动争议过程中，应按照民主说服和协商的办法解决劳动争议，而不能以命令、决定的方式单方处理劳动争议。在企业调解委员会调解劳动争议的过程中，调解的方法是说服教育和劝导协商，是对当事人晓之以理，动之以情，排除任何压服的做法，使当事人从内心接受调解意见，从而缓和矛盾，解决纠纷。以民主协商作为调解的工作原则，是由企业调解委员会的性质决定的。企业的劳动争议调解委员会是由企业工会、职工和企业行政三方代表组成，是群众性的组织，既不是国家的行政机关，也不是国家的司法机关，因此不具有行政权和司法权，无权对劳动争议单方作出裁决。只有在民主协商的基础上，双方才能真正进行沟通，互谅互让，才可能达成被双方认可的协议；而只有在民主协商的基础上达成的协议，双方才可能自觉遵守和履行，从而彻底解决争议。

（三）尊重当事人申请仲裁和诉讼权利原则

尊重当事人申请仲裁和诉讼权利原则，是指发生劳动争议的当事人一方或双方不愿意接受调解或者调解不成时，企业劳动争议调解委员会应及时告知当事人申请仲裁和诉讼，并及时终止调解，不能阻止当事人向劳动争议仲裁委员会申请仲裁和向人民法院提起诉讼。

企业劳动争议调解委员会及时、就地解决劳动争议，减少了仲裁、诉讼案件，在劳动争议处理中发挥重要作用，但不能因此要求企业发生的所有劳动争议都一律要先经过调解委员会调解，否则就不能申请仲裁和向人民法院起诉。这是因为：①申请仲裁和诉讼，是法律赋予公民维护自身合法权益的一项重要权利，任何组织和个人都不得侵犯和剥夺。②调解实行的是自愿原则，它不是劳动争议处理的必经程序，也不是仲裁、诉讼受理的必要条件。

尊重当事人申请仲裁和诉讼的权利，企业劳动争议调解委员会应注意做到以下几点：一是要充分尊重当事人在争议发生后有选择解决争议方式的自由。在劳动争议发生后，只要在法律许可范围内，当事人可以提请劳动争议调解委员会调解，也可以不经调解直接申请劳动争议仲裁；二是当当事人选择了以调解的方式来解决争议时，调解委员会在调解过程中，任何一方或双方不愿再进行调解，或未能消除分歧，达不成协议，一方或双方当事人提出仲裁申请的，调解委员会不得干涉和阻拦；三是当调解达成协议后，一方或双方反悔，不愿意履行调解协议而申请仲裁的，调解委员会同样不得干涉和阻拦。

（四）处理简捷、不收费的原则

处理简捷、不收费原则包含四层含义：一是指争议发生后，争取在班组、车间等基层就地及时解决。二是企业劳动争议调解委员会调解的程序应当简便易行，不讲究形式，一切活动方式应有利于企业生产和有效解决争议。三是企业调解活动要在法定时限内进行和结束，不得影响当事人行使申诉的权利。《企业劳动争议调解委员会组织及工作规则》第 18 条规定：“调解委员会调解劳动争议，应当自当事人申请调解之日起 30 日内结束。到期未结束的，视为调解不成”。四是当事人向企业劳动争议调解委员会申请调解时，调解委员会不收取费用。

第三节　劳动争议仲裁

劳动争议仲裁作为处理劳动争议最基本的法律制度，在市场经济国家已普遍建立。在我国的劳动争议处理体制中，劳动争议仲裁作为诉讼前的法定必经程序，是处理劳动争议的一种主要方式，在实践中发挥着重要的作用。

一、劳动争议仲裁的概念

仲裁作为解决争议或纠纷的重要程序制度，已经为多数国家所采用。“民事争议通常可以采取向法院提起民事诉讼和申请仲裁机构审理两种方法。仲裁指争议双方在争议发生前或争议发生后达成协议，自愿将争议提交第三方作出裁决，双方有义务解决争议的方法。”因此，仲裁作为一种法律程序，通常是指发生纠纷的双方当事人自愿把争议提交非司法机构的第三者处理，并作出对争议各方均有拘束力的裁决的一种解决纠纷的制度和方法。仲裁作为解决纠纷的一种方式有悠久的历史，并被广泛运用于很多领域中，如经济纠纷仲裁、海事仲裁、国际争端仲裁等。

仲裁作为一种解决争议或纠纷的法律制度，应具备以下要素：①解决争议或纠纷的仲裁人是由争议双方当事人选定的或都能够接受的；②在双方当事人解决争议前或解决争议时有通过仲裁解决争议的合议；③拟解决争议或纠纷具有可仲裁性，可仲裁的争议或纠纷多是私法领域的争端；④仲裁裁决具有法律执行力。

劳动争议仲裁是解决劳动纠纷的一种重要方式，与其他仲裁制度既有共同点，又有很大的区别。劳动争议仲裁，是指劳动争议当事人自愿向法定的专门处理劳动争议的机构提出申请，由其依法就劳动争议的事实与责任作出对双方当事人具有约束力的判断和裁决的活动。正确理解这一概念，是认识劳动争议仲裁的本质，研究劳动争议仲裁制度的产生、运行和发展规律的关键。

理解劳动争议仲裁概念应从以下几个方面把握：

（一）劳动争议当事人

劳动争议当事人，是指与劳动争议法律事实有直接利害关系的人，即有关劳动权利的享有者，以及劳动义务和责任的承担者。因此，劳动争议的当事人基于劳动关系而产生，它不可能产生于民事关系和行政关系。

（二）劳动争议仲裁的主体

仲裁中的“仲”，即中人的意思，是指居于劳动争议双方当事人之间，站在中立立场依法或依协议享有劳动争议裁决权的人。因此，仲裁的主体应是与争议无利害关系的第三人，这样才能保证争议处理的公正性。这也正是仲裁被广泛接受和运用的原因。“第三者”，包括政府设置的仲裁组织和民间的仲裁组织，也包括双方当事人选定的个人形式的仲裁人。

劳动争议仲裁的主体也应符合仲裁这一最基本的特征。由与劳动争议无关的第三人充当仲裁者。由于劳动争议不同于一般的权利义务纠纷，它涉及劳动者的劳动权及相关权益，直接影响到劳动者及家人的基本生活和社会的稳定。因此，及时、正确地处理劳动争议关系重大，而其中确定处理的主体是保证正确处理劳动争议的关键。经过长期的实践，世界各国现在大都采用根据三方原则建立的组织作为劳动争议仲裁的主体，对劳动争议进行仲裁，我国也不例外。劳动争议仲裁由争议之外的第三方——劳动争议仲裁委员会担任仲裁的主体，劳动争议仲裁委员会由劳动行政部门的代表、工会的代表和用人单位的代表三方组成。这些组成人员由于具有一定的劳动法律知识和实际工作经验，从不同的角度对劳动争议处理提出仲裁意见，因此能够保证争议合法且合理地解决。

（三）劳动争议仲裁的提起

自愿提交，是劳动争议当事人的自由处分行为。劳动争议仲裁与法院审理案件一样，实行不告不理原则，即引起劳动争议仲裁必须有当事人的申请，由当事人自愿提交给劳动争议仲裁委员会处理，信任并且服从仲裁委员会对争议事实的认定和双方责任的裁决。自愿提交是劳动争议仲裁的起点，是引起劳动争议仲裁程序开始的法律事实。自愿把劳动争议提交第三者处理，在我国目前劳动争议处理过程中体现在申请仲裁、接受仲裁调解和裁决诸阶段。但是劳动争议当事人一旦接受了劳动争议仲裁调解书和裁决书，就必须认真执行该劳动争议仲裁文书所限定的权利和义务，否则可由人民法院按照一定程序予以强制执行。

自愿提交有双方自愿与单方自愿之分。在实行“协议劳动争议仲裁”制度的国家里，以仲裁方式处理劳动争议要事先写进劳动合同，或者事先事后订有专门协议，故应理解为双方自愿。我国目前实行的仲裁申请是由一方提出，另一方根据有关部门的通知承担应诉义务，故应理解为单方自愿。这种单方自愿提交方式，从国际上看，它所遵循的基本原则是强制性原则。因此，提交方式难免产生由于应诉方的消极而带来的不利因素。随着劳动合同和集体合同的普遍推行，劳动争议发生时的解决方式成为合同的内容之一，而合同中的这一条款表达了劳动关系双方解决争议的意愿，应是双方自愿的行为。这是完善我国劳动争议仲裁制度应当解决的问题之一。

（四）劳动争议仲裁的内容

劳动争议仲裁是针对劳动争议当事人有争议的劳动权利和义务，具体说就是对双方有争议的案件事实和双方在争议中的责任、义务进行确认，这是劳动争议仲裁的核心，当事人申请仲裁，就是请求劳动争议仲裁机构对争议的事实进行调查核实，在事实清楚的情况下依据法律、法规和双方的劳动合同，确定当事人的权利义务，从而解决劳动纠纷。

（五）劳动争议仲裁裁决的约束力

由于劳动争议仲裁机构的设立，工作程序和裁决的作出必须依据法律，因此，仲裁机构对劳动争议作出的处理决定，包括仲裁调解书和仲裁裁决书均具有法律效力，对劳动争议双方当事人都具有法律约束力。“约束力”，是指劳动争议仲裁调解书和裁决书所阐明的内容对劳动争议，当事人履行义务、承担责任的强制作用。这种约束力在双方当事人面前是平等的，具有法律强制性，是由人民法院按照一定程序最后实施的。当事人如不服，可以依照法律规定的程序提起诉讼，但对生效的调解书和裁决书必须执行，否则，仲裁机构可以申请人民法院强制执行。

（六）劳动争议仲裁的性质

在我国，劳动争议仲裁就其法律属性而言，是一种兼有行政性和准司法性的执法行为。其行政性主要表现在劳动行政部门的代表在仲裁机构组成中居首席地位，仲裁机构的办事机构设在劳动行政部门，仲裁行为中含有行政仲裁的某些因素。其准司法性主要表现在，仲裁机构的设立、职责、组织活动原则和方式具有某些与司法机关特别是审判机关共同或类似的特征。例如，它是国家依法设立的处理劳动争议的专门机构；具有依法独立行使仲裁权，不受行政机关、团体和个人干涉的法律地位；审理案件需实行仲裁庭、时效、回避等制度，采用调查取证、辩论、调解、裁决等方式。其执法的特殊性主要体现在劳动争议仲裁制度是依国家行政法规授权而产生的，虽不体现国家司法权，但它是保证劳动法律、法规得以实施的劳动法律制度之一，劳动争议仲裁的裁决不同于一般劳动行政执法，它的裁决在当事人接受（不起诉）的条件下即发生法律效力。

二、劳动争议仲裁的特征

劳动争议仲裁，作为解决劳动争议的一项最基本的法律制度，被广泛运用于世界各个国家。在市场经济高度发达、司法制度高度完善的今天，仲裁制度仍具有旺盛的生命力，这是因为它适应市场经济关系的需要而产生和发展，形成了自身的特征。特征是事物的本质反映，是一事物与其他事物的区别所在，分析劳动争议仲裁的特征，有助于理解其深刻含义。我国劳动争议仲裁特征体现在以下几个方面：

（一）实行独特的三方原则

劳动争议仲裁实行三方原则，是由劳动关系和劳动争议主体的特征以及长期的劳工运动实践所决定的。在不少实行市场经济的国家，劳动争议处理机构一般是由政府、工会和雇主组织三方代表组成的。我国的劳动争议仲裁委员会是在计划经济的体制下建立起来的。因为我国当时的经济形态是以国有经济形式为主，多种经济形式并存，真正的市场主体（产权清晰、权责明确、自主经营、自负盈亏的经济主体）还处于缺位的状态，政企尚未完全分开，所以劳动争议仲裁委员会的三方代表分别是由劳动行政部门、工会和经济综合管理部门派出。与国际上不同的是，由政府的经济综合管理部门（即各级经贸委，或经委、计经委）代表企业一方的利益。这样三方代表实际上有两个方面的代表是行政机构的代表。这一做法是由我国的国情决定的。随着社会主义市场经济的发展，以及我国加入世界贸易组织、我国社会的经济发展融入全球化的进程不断加快，独立代表企业的组织会进一步发展和健全，目前“中国企业家协会”是官方指定的雇主组织的代表。

（二）劳动争议仲裁属于强制仲裁，一般民事仲裁属于自愿仲裁

劳动争议仲裁不需要双方签订仲裁协议，法律强制规定劳动争议应当通过劳动争议仲裁，即劳动争议一方向劳动争议仲裁委员会提起仲裁申请，另外一方不能以无仲裁协议为由进行抗辩。强制劳动争议仲裁源于 1890 年的新西兰，现在澳大利亚、加拿大和我国都采用强制仲裁。但美国、德国、英国只是部分地采用强制仲裁制度，仍以自愿仲裁为主。

（三）劳动仲裁具有很强的行政性，但不属于行政仲裁

行政仲裁是由行政机构充当仲裁人居中进行裁决的行为。行政机关上下级之间的制约是明文规定的。劳动争议仲裁不属于行政仲裁。《劳动法》和《企业劳动争议处理条

例》都规定劳动争议处理机构是由劳动行政部门、工会和政府综合部门三方代表组成的劳动争议仲裁委员会，仲裁委员会虽按行政区划和不同级别设立，但仲裁委员会之间没有行政隶属关系和业务指导关系，仲裁委员会审理案件的程序按照类似民商事仲裁的准司法程序进行。我国劳动争议仲裁具有很强的行政性是与我国劳动行政部门在其中发挥主导作用分不开的。政府在劳动争议处理机构中发挥主导作用，这是许多国家的共同特点之一。但我国的劳动行政部门在劳动争议仲裁委员会及其工作中的主导作用是独具特色的。仲裁委员会的主任由劳动行政部门的负责人担任；仲裁委员会的办事机构由劳动行政部门劳动争议处理机构充当；在实际工作中，劳动行政部门承担着主要的工作量。这一状况主要是由政府的特殊地位决定的；同时，与当前的工会体制和经济管理体制不能充分发挥工会和经济综合管理部门在劳动争议仲裁工作中的作用也是分不开的。

（四）劳动争议仲裁是劳动争议诉讼程序的前置程序

劳动争议发生后，当事人首先应寻求仲裁手段救济其权利，不经过仲裁处理，争议当事人就无权向人民法院提起劳动争议诉讼。劳动争议仲裁属于劳动争议诉讼的前置程序。但是，劳动争议诉讼程序却对劳动争议仲裁裁决不予审理。根据最高人民法院的司法解释，人民法院的判决、裁定和调解即使与仲裁裁决不一致，也不是对仲裁裁决本身的否定。

（五）劳动争议仲裁一次裁决但不终局

劳动争议仲裁裁决作出后，并非完全没有法律效力，而是其效力处于待定状态。当事人在收到裁决书之日起 15 日内不提起诉讼的，仲裁裁决发生法律效力：15 日内提起诉讼，仲裁裁决失去效力。即使将来人民法院判决的结果与仲裁结果完全一致，也是以法院判决的形式和内容体现解决争议的结果，而不是维持或否定仲裁裁决。

（六）处理结果具有法律效力

这是我国劳动争议仲裁与企业劳动争议调解的重要区别，也是劳动争议仲裁制度被称为劳动法律制度的重要标志。劳动争议仲裁委员会的仲裁调解书和仲裁裁决书对双方当事人，都具有法律约束力，一旦生效，当事人必须执行。如果当事人在法定期限内，既不起诉又不执行仲裁裁决，另一方当事人可以申请人民法院强制执行。这是劳动争议仲裁严肃性和权威性的法律保证。劳动争议仲裁的法律约束力还体现在其他单位和个人非经法定程序不得变更处理决定，这其中也包括劳动争议仲裁机构本身。

三、劳动争议仲裁制度与其他仲裁制度的区别

其他仲裁制度如合同纠纷仲裁、海事仲裁等，被广泛运用于经济领域中以解决经济纠纷。劳动争议仲裁与其他仲裁制度的区别体现在以下几个方面：

（一）仲裁主体不同

其他仲裁制度与劳动争议仲裁虽然都是由第三者充当仲裁主体，但在具体仲裁组织上有所不同。劳动争议仲裁组织是由政府代表、工会代表和用人单位代表三方组成，这

一组织的特点是其他仲裁制度所不具备的。根据《中华人民共和国仲裁法》（以下简称《仲裁法》）第 10 条的规定，仲裁委员会可以在直辖市和省、自治区政府所在地市设立，也可以根据需要在其他设区地市设立，不按行政区划层层设置。仲裁委员会的组成人员既有专职仲裁员也有兼职仲裁员。仲裁委员会是一个特殊的事业单位法人。

（二）仲裁争议的范围不同

根据《仲裁法》第 2 条、第 3 条的规定，平等主体的公民之间、法人和其他组织之间发生的合同纠纷和其他财产权益纠纷是仲裁委员会的受案范围。而劳动争议仲裁处理的是用人单位与劳动者之间的劳动权利和义务纠纷，并且用人单位与劳动者之间存在着隶属关系。

（三）仲裁的地位不同

在其他仲裁制度中，是否先经过仲裁处理，由双方当事人约定，当事人可以选择经过仲裁处理，也可以不经仲裁直接向人民法院起诉；而劳动争议仲裁则是解决劳动争议的必经程序。当事人只有先经过劳动争议仲裁，才能向人民法院起诉，否则，人民法院不予受理。

四、劳动争议仲裁制度的意义和作用

随着社会主义市场经济体制逐步建立和政府职能的转变，劳动争议仲裁制度已作为劳动力市场服务体系中的重要环节，成为国家宏观调控和协调劳动关系的重要手段。具体表现在以下三方面：

（1）保护劳动争议当事人双方的合法权益

劳动争议仲裁是我国处理劳动争议的一个基本形式和法律制度，其根本目的是通过解决劳动争议，依法维护劳动关系双方的合法权益，从而保证劳动关系在法制的轨道上协调发展。为此，劳动争议仲裁制度规定了较宽的受案范围，在基层普遍设立仲裁机构，以方便当事人申请仲裁；仲裁机构的人员由具有劳动法律知识和实际经验的三方代表组成，由他们来处理劳动争议，可以形成专业化优势，其裁决具有一定的权威性、公正性，易于使当事人信服、接受。仲裁机构在对争议事实进行调查核实后，依法对事实予以确认并对双方的责任进行裁决，并且所作裁决具有法律约束力，使裁决确定的劳动争议当事人的合法权益能得到法律强制力的保障。

（2）及时迅速地解决劳动争议，维护正常的生产经营秩序，维系和谐的劳动关系

随着我国企业改革的不断深入，社会主义市场经济体制的逐步建立和完善以及经济全球化、国际化步伐的加快，各种所有制经济特别是股份制、股份合作制、非公有制经济的迅速发展，以及新旧体制的摩擦，利益格局的调整，法律法规不健全和体制上的不完善等问题还没有完全解决，当前劳动关系呈现出复杂化、多样化的特征。劳动争议案件正逐年增加。如果劳动争议久拖不决，劳动关系经常处在矛盾和不稳定的状态，势必造成企业和职工的关系紧张，甚至使矛盾激化，破坏企业正常的生产经营秩序，因此，劳动争议需尽快解决。仲裁期限相对诉讼期限较短，可以减少解决争议时间。《劳动法》第 82 条规定：“仲裁裁决一般应在收到仲裁申请的 60 日内作出。”相比较一审诉讼一

般要求在 6 个月内审理完毕，这样可以加快解决争议进度，缩短解决争议所需时间，使当事人的合法权益早日得到保护，迅速恢复正常的劳动关系，以维护正常的生产经营秩序，促进经济的发展。

（3）降低交易费用，减轻人民法院的负担

根据我国现行的劳动争议处理体制，其中调解并不是解决劳动争议的必经程序，而仲裁处理却是提起诉讼的前置程序，即不经仲裁直接起诉的，人民法院不予受理。当事人对劳动争议仲裁委员会的裁决不服，可在收到裁决书 15 日内向人民法院起诉。这就要求劳动争议仲裁机构在当好企业调解委员会后盾的同时，尽最大努力用仲裁调解的方式将最大数量的劳动争议处理结案，发挥仲裁委员各专业人员的职业素养，降低仲裁裁决案件向人民法院起诉的比例，以减轻人民法院的压力和当事人的负担，降低交易成本，节约司法资源。

五、劳动争议仲裁的特有原则

劳动争议仲裁原则，是指贯穿于劳动争议仲裁过程始终，劳动争议仲裁活动中仲裁机关、仲裁参加人和参与人都必须遵循的行为准则。它是劳动争议仲裁制度的本质和内在要求，通过一定规则和程序表现出来，指导劳动争议仲裁工作。《企业劳动争议处理条例》第 4 条规定：“处理劳动争议，应当遵循下列原则：① 注重调解，及时处理；② 在查清事实的基础上，依法处理；③ 当事人在适用法律上一律平等。”这些原则应是劳动争议处理制度的基本原则，在企业劳动争议调解、仲裁委员会仲裁和人民法院诉讼程序中均适用。劳动争议仲裁机关在仲裁中应遵循这些原则。

由于劳动争议仲裁与其他制度相比有着不同的特点，因此，劳动争议仲裁除了以上述原则为基本原则外，还应遵循其特有的 7 项原则：

（一）三方原则

在劳动争议仲裁领域中实行三方原则，已成为国际上通行的惯例。劳动争议仲裁的三方原则，主要体现在劳动争议仲裁组织的构成中。仲裁能否公正，决定于仲裁组织的组成是否公正。《企业劳动争议处理条例》第 13 条规定，劳动争议仲裁委员会由劳动行政部门的代表、工会的代表和政府指定的经济综合管理部门的代表组成。经济综合管理部门一般是同级的经贸委，没有经贸委的也可以是经委或计经委一类的部门。由三方代表组成仲裁委员会，是由于三方的代表来自不同的组织，能代表不同方面的利益要求，而且各自又具有劳动关系方面的专业知识，能从不同的角度对劳动争议的处理提出意见。因此由其组成的劳动争议仲裁委员会在人员组成上保证了其具有公平性，有利于取得当事人的信任，更有利于争议的及时、公正解决。

2002 年 8 月，劳动和社会保障部、中华全国总工会、中国企业家联合会、中国企业家协会颁布了《关于建立健全劳动关系三方协调机制的指导意见》。该意见提出：劳动关系三方协调机制是我国劳动关系调整机制的重要组成部分，是社会主义市场经济条件下协调劳动关系的有效途径。我国已有二十多个省、自治区、直辖市建立了劳动关系三方协调机制。

（二）强制原则

强制原则是我国劳动争议仲裁制度中的一个重要原则。主要表现在以下几个方面：仲裁的提出无须双方当事人的协商一致，只要有一方申请，仲裁委员会即可受理；仲裁庭在调解无效时，依法行使裁决权，直接对劳动争议作出裁决；对发生法律效力的仲裁调解书和仲裁裁决书，当事人不履行的，劳动争议仲裁机关可申请人民法院强制执行。劳动争议仲裁实行强制原则，是由我国目前劳动争议的特殊性和我国的国情决定的。由于劳动关系主体双方利益差异的显现化、当事人法律意识的淡薄及用人单位经营观念和道德水平的低下、企业人力资源管理和开发水平落后、企业劳动关系自我协调机制的缺乏、劳动力市场的供过于求以及劳动法律体系建设尚不完善等原因，导致劳动争议大幅度增加且处理难度增大，这是目前以及今后一定时期内我国劳动争议的特点。劳动争议如果只通过诉讼程序解决，必将造成案件的大量积压，不仅增加了法院的负担，而且很容易使矛盾因得不到及时解决而激化，影响社会的稳定。而由劳动争议仲裁机关对劳动争议进行先行处理，对仲裁裁决不服的，再向法院起诉，就可以使大量劳动争议通过效率较高的仲裁程序得到及时处理。

（三）独立仲裁原则

独立仲裁是指劳动争议仲裁机关依法独立对劳动争议案件行使仲裁权，不受其他任何组织和个人的干涉。《劳动争议仲裁委员会组织规则》第 2 条明确规定："仲裁委员会是国家授权，依法独立处理劳动争议案件的专门机构。"劳动争议仲裁机关独立行使仲裁权原则主要包括以下内容：

（1）劳动争议仲裁权统一由劳动争议仲裁机构行使。劳动争议仲裁权是法定国家机构根据当事人的申请，并在双方当事人的参加下，依照法律的规定居中裁判劳动争议的权力，它是国家权力的一部分，具有统一性和完整性。根据这一原则，外国籍和无国籍劳动者在中国境内就业发生劳动争议（法律、法规另有规定除外）。依法接受中国劳动争议仲裁机构裁决。

（2）劳动争议仲裁机关行使仲裁权，不受其他组织和个人的干涉。由于劳动行政部门的劳动争议处理机构为仲裁委员会的办事机构，与同一级仲裁委员会合署办公，仲裁委员会主任又由劳动行政主管部门的负责人担任，因此与劳动行政部门有较密切的关系。但是劳动行政部门对其只是工作原则方针的指导，不能对具体争议案件进行干预。

（3）劳动争议仲裁相对于人民法院来说也具有独立性。劳动争议仲裁裁决不受法院的司法审查，即人民法院对仲裁裁决不得进行实体审理。

（四）一次裁决原则

根据《劳动法》和《企业劳动争议处理条例》的规定，我国劳动争议仲裁实行一次裁决制，即当事人向仲裁委员会提出申请在仲裁委员会作出仲裁调解书或仲裁裁决书后，仲裁程序即告结束。当事人如果对裁决结果不服，不能再向上一级劳动争议仲裁委员会申请仲裁，而只能在法定期限内向人民法院起诉，从而进入司法审理程序。如果设置程序过于繁杂，审级过多，不仅耗时过长，劳动争议难以得到及时解决，同时也增加了当事人的负担，不利于切实保障当事人的合法权益。

（五）区分举证责任原则

举证责任是指在争议处理中当事人提出证据的责任，它是法律假定的一种后果，即承担举证责任的当事人。应当举出证据证明自己的主张，否则将承担败诉的法律后果。一般情况下，举证责任包含两方面的含义：一是指由谁负责举证证明案件事实，也即举证责任的承担，又称行为意义上的举证责任；二是指不能证明自己的主张时应承担什么样的后果，也称结果意义上的举证责任。

当事人举证的法律责任指当事人对自己所提出的主张因主客观原因不能举证，经劳动争议处理机构依职权调查也无法收集到审理案件所需要的证据时，由该当事人承担不利的法律后果。

（1）举证不实的法律责任。当事人所举证据必须真实、客观、合法，不得捏造、隐匿、毁灭证据，不得指使、收买他人作伪证。否则，除承担不利的后果外，还应承担提供伪证的法律责任。

（2）不举证的法律责任。当事人由于主观原因没有收集到证据，或者持有证据而故意不在劳动争议处理机构指定的期限内提供证据，应承担败诉的后果。

（3）举证不能的法律责任。对于当事人因客观原因不能收集的证据，应向劳动争议处理机构说明不能的原因并提出所要收集的证据及线索，在劳动争议处理机构依职权调查收集不到证据时，应承担败诉的后果。

（4）举证不全的法律责任。当事人提供的证据不全面，不具有证明其主张的充分性，其主张因证据不足不能成立，应承担败诉的后果。

（5）举证超期的法律责任。劳动争议处理机构对当事人一时不能提交证据的可根据具体情况，指定其在合理期限内提交。当事人在指定期限内未能提供证据的，应承担不利的后果。

《民事诉讼法》第 64 条规定："当事人对自己提出的主张，有责任提供证据。"这表明我国民事诉讼程序中一般适用的是"谁主张、谁举证"的原则。而《行政诉讼法》第 32 条规定："被告对作出的具体行政行为负有举证责任。"由于行政诉讼主体的特定性，我国行政诉讼程序中适用的是"举证责任倒置"的原则。如何确定我国劳动争议案件的举证责任原则，是处理劳动争议案件必须加以明确的问题。《企业劳动争议处理条例》第 25 条规定："仲裁委员会有权要求当事人提供或者补充证据。"这一规定过于笼统，在实际案件处理中难以把握。

举证责任的确定与法律关系的性质有直接的关系。根据劳动争议的性质适用不同的举证责任原则，对双方由平等关系引起的劳动争议，适用"谁主张、谁举证"原则；而对由双方隶属关系引起的劳动争议，则适用"举证责任倒置"的原则。这是因为：劳动关系是一种特殊的社会关系，是劳动者运用自己的劳动能力，在实现劳动过程中与用人单位之间所产生的社会关系，它具有两个特征：一是参与劳动关系的双方主体是特定的，即劳动者和用人单位；二是劳动关系除了一般民事法律关系所具有的平等性外，还具有隶属性、财产性、人身依附性的特征。在劳动关系中，用人单位一方是管理者，劳动者一方是被管理者，用人单位一方是行为的主动实施者，劳动者是行为的承担者，两者之间的地位是不平等的。涉及隶属关系的劳动争议中大量的主要证据，如用人单位制定的规章制度、职工的档案材料、考勤记录、工资发放记录、交纳社会保险记录、福利设施和待遇发放记录、劳动安全设施材料等都掌握在用人单位一方，而作为被管理者或行为承受者的劳动者对这些证据是不可能具有举证能力的。如果一律规定劳动争议当事人特别是劳动者一方适用“谁主张、谁举证”原则，有失偏颇。处理劳动争议案件的实践表明，在大量的侵犯劳动者合法权益的争议中，让劳动者负举证责任是不公平、不合理的。因此，人民法院和劳动争议仲裁委员会在审理具有隶属关系的劳动争议案件时，应按照劳动争议的性质确定相应的举证责任原则。具体来讲，应分下列情况确定当事人的举证责任：

（1）因履行劳动合同和职工辞职、自动离职发生的争议，是一种平等主体之间的争议，应适用“谁主张、谁举证”的原则，由主张权利的一方负举证责任。

（2）因企业开除、除名、辞退职工、解除劳动合同发生的争议，是一种隶属关系的争议，应适用“举证责任倒置”的原则，由作出决定的用人单位负举证责任，要求其举证证明其作出的行为是合法的。

（3）因用人单位减少劳动报酬、计算劳动者工作年限等决定而发生的劳动争议，用人单位负举证责任。

（4）因用人单位拖欠职工工资、职工福利待遇、拒为职工提供劳动安全条件和防护用品等发生的争议，是一种由人身依附关系引起的争议，也应适用“举证责任倒置”的原则，由用人单位负举证责任，要求其举证证明其没有拖欠工资，福利待遇或依法提供了劳动安全条件和防护用品。

我国《民事诉讼法》第 64 条规定：“当事人及其诉讼代理人因客观原因不能自行收集证据或者人民法院认为审理案件需要的证据，人民法院应当调查取证。”《劳动争议仲裁委员会组织规则》第 19 条规定的仲裁员职责之一为“进行调查取证，有权向当事人及有关单位、人员进行调阅文件、档案、询问证人、现场勘察、技术鉴定等与争议事实有关的调查。”上述规定表明了人民法院和劳动争议仲裁委员会在处理劳动争议案件时负有调查取证的职责。参照《关于适用〈中华人民共和国民事诉讼法〉若干问题的意见》第 73 条规定，劳动争议处理机构在审理劳动争议案件时应负责收集的证据有：①当事人及其代理人因客观原因不能自行收集的；②当事人提供的证据互相矛盾，无法认定的；③按照法律法规和政策的规定需由有关部门鉴定或认定的；④劳动争议处理机构认为应当由自己收集的其他证据。

（六）合议原则

《企业劳动争议处理条例》第 29 条规定：“仲裁庭裁决劳动争议案件，实行少数服从多数的原则。”合议原则是民主集中制在仲裁工作中的具体体现，案件经过充分研究讨论，可以防止主观臆断，保证案件得到正确处理。

（七）程序简便、收费低、为当事人保密原则

劳动争议仲裁特定为某一专业领域，由专业人员充任仲裁员，可以根据案情的复杂程度较灵活地确定处理程序，力争程序简化，为当事人节省办案时间和费用。根据市场

经济的特点，为保证用人单位和劳动者在解决纠纷的过程中不涉及其他问题，不泄露企业经营信息等商业保密的内容，保持仲裁过程的和谐气氛，劳动争议仲裁一般不使用公开裁决原则。

六、仲裁时效与期限

（一）仲裁时效

时效是在规定的期限内，劳动争议当事人不行使申诉权，申诉权因期满而归于消灭的制度。

法律为行使申诉权规定了时间界限。当事人应当从知道或者应当知道其权利被侵害之日起 60 天内，以书面形式向劳动争议仲裁委员会申请仲裁。如果期限届满，即丧失请求保护其权利的申诉权，仲裁委员会对其仲裁申请不予受理。1994 年 8 月 16 日，原劳动部关于对《〈中华人民共和国企业劳动争议处理条例〉第 23 条如何理解的复函》中指出，“知道或者应当知道其权利被侵害之日”是指有证据表明权利人知道自己的权利被侵害的日期，或者根据一般规律推定权利人知道自己的权利被侵害的日期，即劳动争议发生之日。“知道或者应当知道其权利被侵害之日”，是劳动争议仲裁申诉时效的开始。因此，“知道或者应当知道其权利被侵害之日”，不应从侵权行为终结之日起计算。原劳动部《若干问题的意见》第 85 条规定，“劳动争议发生之日是指当事人知道或应当知道权利被侵害之日。对于特殊情况下的劳动争议仲裁申诉时效的处理，原劳动部在 1995 年的《关于劳动争议仲裁工作几个问题的通知》中指出：《劳动法》第 82 条对一般情况下仲裁申诉时效作了规定，《企业劳动争议处理条例》第 23 条规定，“当事人因不可抗力或者有其他正当理由超过前款规定的申请仲裁时效的，仲裁委员会应当受理”。这项规定是对特殊情况的特殊处理，应当继续执行。

《最高人民法院关于审理劳动争议案件适用法律若干问题的解释》第 3 条规定，劳动争议仲裁委员会根据《劳动法》第 82 条的规定，以当事人的仲裁申请超过 60 日期限为由，作出不予受理的书面裁决、决定或者通知，当事人不服，依法向人民法院起诉的，人民法院应当受理；对确已超过仲裁申请期限，又无不可抗力或者其他正当理由的，依法驳回其诉讼请求。

在一定的条件下仲裁时效可以中止。所谓“时效的中止”，是指在时效期间，由于与当事人无关的事由而使当事人无法行使其请求权，则时效期间暂停计算，待中止事由消灭后时效继续计算。由于不可抗力或者其他正当理由导致超过仲裁时效的，就可以引起时效中止的效果。在不可抗力或者其他障碍的影响消除后，时效重新计算，当事人应当及时向仲裁委员会提出申请，仲裁委员会应当受理。这里所谓的“不可抗力”，是指当事人不能预见、不能避免并且不能克服的事件。例如，因地震、水灾等自然灾害。所谓“其他正当理由”，是指除了不可抗力事件以外的当事人无法克服的一些事由。例如当事人突然患病住院，或者身受重伤，无法在时效期内提出仲裁申请，都应当属于正当理由。因为现实中的情况非常复杂，所以对于当事人是否属于因为不可抗力或者其他正当理由而耽误了仲裁时效，由仲裁委员会认定，并决定是否受理。

另外，还有两种特殊的时效中止事由。第一种情况是根据原劳动部《若干问题的意见》第 90 条的规定，应当受理的仲裁申请被仲裁委员办事机构错误拒绝受理，经仲裁委员会事后审查认为应当受理的，应及时通知当事人。当事人从申请至受理之间的时间视为时效中止。第二种情况是劳动争议当事人向企业劳动争议调解委员会申请调解的，自当事人提出申请之日起，仲裁申诉时效中止。企业劳动争议调解委员会应当在 30 日内结束调解，即中止期间最长不得超过 30 日。结束调解之日起，当事人的申诉时效继续计算。

在民法中，还有时效中断制度。所谓“时效中断”，是指有法定事由发生时，此前已经计算的时效期间全部归于无效，待中断事由消灭后时效期间重新计算，中断事由一般包括起诉、催告等主张权利的行为。在我国劳动争议处理法律、法规中没有规定时效中断制度。

（二）仲裁期限

仲裁期限，即指仲裁机构审结劳动争议案件的期限。《劳动法》和《企业劳动争议处理条例》、《劳动争议仲裁委员会办案规则》对这一问题的规定有些不一致。《劳动法》规定，仲裁裁决一般应在收到仲裁申请的60日内作出，而《企业劳动争议处理条例》和《劳动争议仲裁委员会办案规则》则规定，仲裁庭处理劳动争议应当自组成仲裁庭之日起的 60 日内结束。《劳动法》把开始计算期限的时间由过去组成仲裁庭之日提前为仲裁机构收到仲裁申请之日，此项规定将决定受理仲裁的 7 天期限也包括进来，这就缩短了过去的仲裁期限，有利于劳动争议的迅速解决，促使仲裁机构提高工作效率，及时而有效地维护当事人的合法权益。此外，案情复杂确实需要延期的，经报仲裁委员会批准，可适当延长，但最长不得超过 30 日。对于请示待批、工伤鉴定、当事人因故不能参加仲裁活动以及其他妨碍仲裁办案正常进行的客观情况，应视为仲裁时效中止，并应报仲裁委员会审查同意。仲裁时效中止不计入仲裁办案期限内。对仲裁委员会宣布原仲裁裁决书无效后，再次处理的劳动争议案件，应当在组成仲裁庭之日起的30日内结案。

第四节　劳动争议诉讼

诉讼的本质特征，是凭借国家权力来解决社会成员之间的争议，而解决争议的结果，是靠国家强制力的保障或直接凭借国家强制力得以实现。因此，通过诉讼方式解决劳动争议，即通过司法程序解决劳动争议，是诸多解决劳动争议方式中最权威、最有效的方式，也是企业劳动争议调解方式和劳动争议仲裁方式解决劳动争议的后盾。早在新中国成立初期，我国就确立了以诉讼解决劳动争议的方式。1950 年 6 月和 10 月中央人民政府劳动部先后颁布了《劳动争议仲裁委员会组织及工作规则》和《劳动争议解决程序暂行规定》，明确规定劳动争议的审判范围包括：关于劳动条件事项（如工资、工时、生活待遇等），关于职工任用、解雇及惩罚事项，关于劳动保险事项，关于企业内部工作规则事项，关于集体合同、劳动契约及其他一切涉及劳动争议事项。并且规定，无论公营、私营及合作社经营企业中的劳动争议，经劳动争议仲裁委员会仲裁后，如果当事人对裁决结果不服的，需在收到仲裁决定书之日起 5 日内通知劳动局，并向人民法院起诉，否则仲裁结果即具有法律效力。社会主义改造基本完成后，由于认识上的原因，劳动争议仲裁制度被取消。1957 年原劳动部发布了《关于撤销劳动争议仲裁委员会的通知》，随后各级劳动行政机关设立的处理劳动争议的机构相继被撤销，随着劳动争议仲裁制度的取消，人民法院也不再受理劳动争议案件，劳动争议诉讼制度宣告停止。1987 年 7 月 31 日，国务院发布了《国营企业劳动争议处理暂行规定》，其中规定，劳动争议当事人一方或者双方对劳动争议仲裁不服的，可以在收到仲裁决定书之日起 15 日内向人民法院起诉，至此，中断了近 30 年的劳动争议诉讼制度才得以恢复。此后国务院颁布的《企业劳动争议处理条例》（《国营企业劳动争议处理暂行规定》同时废止）和全国人民代表大会常务委员会通过的《劳动法》都同样规定，劳动争议当事人对劳动争议仲裁裁决不服的，可以自收到仲裁裁决书之日起 15 日内向人民法院提起诉讼。

一、劳动争议诉讼的概念及特征

（一）劳动争议诉讼的概念

劳动争议诉讼，是指劳动争议当事人不服劳动争议仲裁委员会裁决，依法向人民法院起诉，人民法院在劳动争议当事人和其他诉讼参与人参加下，审理和解决劳动争议案件的活动，以及由这些活动所发生的社会关系。这一概念包含两层含义：①劳动争议诉讼是由于劳动争议仲裁当事人不服劳动争议仲裁委员会的裁决而引起的；②劳动争议诉讼由劳动争议诉讼活动和劳动争议诉讼关系构成。所谓劳动争议诉讼活动，是指人民法院和诉讼参与人围绕劳动争议案件的解决进行的能够产生一定法律后果的活动。它既包括人民法院的审判活动，如受理案件、调查取证、采取强制措施、作出判决或裁定等，也包括劳动争议诉讼参与人的活动，如原告提出起诉、被告提出答辩或反诉、证人出庭作证等。所谓劳动争议诉讼关系，是指人民法院和一切劳动争议诉讼参与人之间在劳动争议诉讼过程中发生的诉讼权利义务关系，即劳动争议诉讼法律关系。在劳动争议诉讼过程中，人民法院将会作为其中的一方与另一方即劳动争议当事人和其他诉讼参与人发生诉讼权利义务关系。

（二）劳动争议诉讼的特征

我国劳动争议诉讼的特征主要体现在以下几个方面：

1．劳动争议诉讼的当事人是特定的

劳动争议诉讼当事人之间原则上必须存在劳动关系，即一方是用人单位；另一方是劳动者。

2．劳动争议诉讼的争议标的必须经过劳动争议仲裁

根据《劳动法》第 8 条和《企业劳动争议处理条例》第 30 条的规定，劳动争议当事人对劳动争议仲裁裁决不服的，可以自收到仲裁裁决书之日起 15 日内向人民法院提起诉讼。因此，劳动争议当事人在提起劳动争议诉讼之前，必须依法先经过劳动争议仲裁，未经过劳动争议仲裁的劳动争议案件，人民法院一般不能受理。

3．劳动争议诉讼适用民事诉讼法的规定

目前，我国还没有专门适用于劳动争议案件的诉讼法，在司法实务中，是由人民法院的民事审判庭受理劳动争议案件，并适用民事诉讼程序审理劳动争议案件。

二、劳动争议诉讼与民事诉讼、行政诉讼的区别

（一）劳动争议诉讼与民事诉讼

虽然目前我国劳动争议诉讼适用民事诉讼程序，但和民事诉讼仍有重大的区别。主要表现在以下几方面。

1．涉诉案件的性质及内容不同

民事诉讼中，涉诉案件的性质是民事纠纷，它是在平等的民事主体之间发生的、以民事权利义务为内容的法律争议。劳动争议诉讼中，涉诉案件的性质是劳动争议，它是在形成劳动关系的主体之间发生的、以劳动权利义务为内容的法律争议。

2．诉讼当事人不同

在民事诉讼中，当事人双方是地位完全平等的民事主体，双方当事人分别叫自然人、法人或其他非法人组织。而在劳动争议诉讼中，诉讼当事人比较特定，一方是用人单位，性质上是法人或非法人组织；另一方是劳动者，性质上是自然人，并且他们之间存在着管理和被管理的关系，双方的地位在某些方面并不完全平等。

3．提起诉讼的前提条件不同

民事主体之间发生民事纠纷后，当事人可以直接向人民法院提起民事诉讼。而劳动争议主体在提起劳动争议诉讼之前，必须先提起劳动争议仲裁，经过劳动争议仲裁机构裁决后，才可以向人民法院起诉。

4．举证责任有所不同

民事诉讼中的举证责任以“谁主张、谁举证”为原则，也就是说任何一方当事人对自己提出的主张，有责任提供证据，否则将承担诉讼不利的后果。在劳动争议诉讼中，因用人单位作出的开除、除名、辞退、解除劳动合同、减少劳动报酬、计算劳动者工作年限等决定而发生的劳动争议，由作出决定的用人单位承担举证责任；其他劳动争议案件，则采取“谁主张、谁举证”原则。

（二）劳动争议诉讼与行政诉讼

两者的区别主要体现在以下几方面：

1．涉诉案件性质不同

劳动争议诉讼中所涉诉案件是劳动关系当事人之间因劳动权利义务发生的争议。行政诉讼中所涉诉案件是行政争议，即因行政相对人不服行政机关的具体行政行为而引起的争议。

2．诉讼当事人不同

劳动争议诉讼中，虽然当事人双方原则上只能是形成劳动关系的用人单位和劳动者，具有特定性的特征，但原被告的地位并不恒定，用人单位和劳动者均可充当原告和被告。而在行政诉讼中，被告的地位具有恒定性，只能由行使国家行政权力的行政机关担任，作为行政相对人的公民、法人或其他组织只能充当原告的角色。

3．提起诉讼的前提条件不同

劳动争议当事人提起劳动争议诉讼前，涉诉案件必须先经过劳动争议仲裁程序仲裁。

行政诉讼中，除少数行政纠纷案件国家法律或法规要求行政相对人必须先申请行政复议外，其他行政纠纷案件行政相对人都可以直接向人民法院提起诉讼。

4．举证责任原则不同

劳动争议诉讼中，除因用人单位作出的开除、除名、辞退、解除劳动合同、减少劳动报酬、计算劳动者工作年限等决定而发生的劳动争议，由作出决定的用人单位承担举证责任外，其他劳动争议采取“谁主张、谁举证”的原则。行政诉讼中，采取的是由被告即行政机关负举证责任的原则，原告即行政相对人不负证明责任。

5．结案方式有所不同

人民法院在审理劳动争议案件时，可视不同情况采取以判决、裁定或调解的方式结案。行政诉讼中，人民法院只能以判决或裁定的方式，而不能以调解的方式结案。

三、劳动争议诉讼制度的基本原则

劳动争议诉讼制度的基本原则，是指在劳动争议诉讼过程中起指导作用的基本原理和基本规则，也是人民法院、劳动争议当事人和其他诉讼参与人进行劳动争议诉讼活动必须遵循的准则。

由于我国目前尚无专门的劳动争议诉讼法，劳动争议案件起诉到人民法院后，人民法院适用民事诉讼法审理劳动争议案件，因此，劳动争议诉讼活动同样也要遵循民事诉讼法的基本原则。

（一）劳动争议当事人诉讼权利平等原则

劳动争议当事人诉讼权利平等原则，是指在劳动争议诉讼中，劳动争议当事人平等地享有和行使诉讼权利。这一原则包括以下两个方面的内容：①劳动争议当事人享有平等的诉讼权利。劳动争议诉讼活动中，作为当事人一方的用人单位，不管其性质是企业，还是国家机关、事业单位或社会团体等，它们和另一方当事人劳动者享有同等诉讼权利，承担同等诉讼义务；②人民法院在劳动争议诉讼过程中应当为劳动争议双方当事人平等地行使诉讼权利提供保障和便利。

（二）辩论原则

辩论原则是指在人民法院主持下，劳动争议当事人双方有权就案件事实和适用法律等有争议的问题，陈述各自的主张和根据，相互进行反驳和答辩，以维护自己的合法劳动权益。

劳动争议诉讼活动遵循辩论原则的意义，在于通过当事人双方的辩驳，帮助人民法院查明案件事实，正确适用法律，确保办理质量。辩论原则贯穿于劳动争议诉讼程序的各个阶段，包括一审、二审和再审程序。劳动争议当事人既可以就劳动争议案件的实体问题展开辩论，也可以就诉讼程序问题进行辩论；既可以采用书面的形式，如起诉状、答辩状，进行辩论，也可以用口头形式进行辩论。人民法院应保障各方当事人充分、平等地行使辩论权。

（三）处分原则

处分原则，是指劳动争议当事人在劳动争议诉讼过程中，有权在法律允许的范围内自由处置自己的劳动权利和诉讼权利。

劳动争议诉讼是解决劳动争议主体劳动权利义务纠纷的过程，因此，在此过程中，当事人基于自己的需要，当然应该有权在不违背法律规定的前提下，依照自己的意愿对自己享有的权利进行自由处置。劳动争议诉讼遵循处分原则体现在两个方面：第一，劳动争议当事人在诉讼中有权处分自己的劳动权利。例如，原告在起诉时可以依自己的意愿请求人民法院予以保护的范围和方法；在诉讼开始和进行时，原告可以放弃或变更诉讼请求，被告可以全部或部分承认原告的诉讼请求；原、被告可以在诉讼过程中自行和解或达成调解协议等。第二，劳动争议当事人有权处分自己的诉讼权利。这主要表现在：①劳动争议诉讼程序能否启动，取决于劳动争议当事人是否在收到劳动争议仲裁裁决书之后于法定期内行使起诉权；②诉讼程序启动后，原告有权申请撤诉，放弃请求司法保护的诉讼权利；被告也有是否行使反诉的诉讼权利；③第一审法院作出裁判后，当事人双方有权决定是否提起上诉；④对已经生效的法院裁判或调解书，当事人认为确有错误的，有权决定是否申请再审；⑤对已生效的法院判决或调解书，享有权利的当事人有权决定是否申请强制执行等。

（四）自愿合法调解原则

司法实践中，劳动争议案件不同于其他案件的其中一个特点，在于争议的双方当事人在纠纷解决后往往还继续保持一种密切的社会关系——劳动关系。因此，人民法院在审理劳动争议案件时，从有利构建良好、和谐稳定的劳动关系的需要出发，无论是在一审、二审还是再审程序，都应尽量坚持以调解的方式。通过耐心说服教育和思想劝导，促使当事人在互谅互让的基础上达成协议，解决纠纷。但是，人民法院在坚持尽可能调解的同时，必须要遵循自愿和合法调解原则。所谓自愿原则，是指当事人自愿接受人民法院的调解和自愿达成调解协议，审判人员对当事人不得有丝毫的强迫和威胁。所谓合法原则，是指人民法院在进行调解时必须要遵守民事诉讼法规定的程序，调解不成的应当及时判决，不能久拖不决；调解协议的内容不得违反国家法律、法规和政策的规定。

四、劳动争议审判的基本制度

劳动争议审判的基本制度，是指人民法院审判劳动争议案件所必须遵循的基本操作规程。

（一）合议制度

合议制度是指由 3 名以上审判人员组成审判组织对案件进行审理并作出裁判的制度。合议制度是相对于由 1 名审判员独立审理案件的独任制而言的。根据民事诉讼法的规定，人民法院审判劳动争议案件时，应以合议制度为原则，以独任制为例外。合议制度是我国审判劳动争议案件的基本组织形式。

合议制度的组成形式是合议庭。根据民事诉讼法的规定，合议庭的组成因审级不同而有所不同。人民法院审理第一审劳动争议案件，由审判员、陪审员共同组成合议庭或者由审判员组成合议庭。人民法院审理第二审劳动争议案件，由审判员组成合议庭。发回重审的劳动争议案件，原审人民法院应当按照第一审程序另行组成合议庭。人民法院审理再审的劳动争议案件，原来是第一审的，按照第一审程序另行组成合议庭；原来是第二审或者是上级人民法院提审的，按照第二审程序另行组成合议庭。上述所有形式的合议庭，其组成人数都必须是单数。合议庭由审判长主持，审判长由院长或者庭长指定一名审判员担任；院长或庭长参加审判的，由院长或庭长担任审判长。合议庭是集体审判组织，其活动实行民主集中制，合议庭成员地位平等，享有同等的权利。陪审员在执行陪审职务时，与审判员有同等的权利义务。合议庭评议案件时，实行少数服从多数的原则，并应制作笔录，由合议庭成员签名。评议中的少数意见，必须如实记入笔录。

（二）回避制度

回避制度，是指劳动争议案件的审判人员和其他有关人员，遇有法律规定不宜参加案件审理的情形时，应当主动退出本案的审理，当事人及其诉讼代理人也有权请求上述人员退出的制度。民事诉讼法设立回避制度的目的，是保障案件能得到公正的审理，维护当事人的诉讼权利和合法权益。

根据民事诉讼法的规定，回避的法定事由有以下三种：①是本案的当事人或者当事人、诉讼代理人的近亲属。所谓近亲属，一般是指配偶、父母、子女、兄弟姐妹、祖父母、外祖父母、孙子女、外孙子女等。②与本案有利害关系。所谓利害关系，是指案件的处理结果会直接或间接涉及需回避人员本人自身的利益。③与本案当事人有其他关系，可能影响案件公正审理的。所谓其他关系，是指上述两种关系之外的其他亲密或恩怨关系，如师生、朋友、同事、邻居关系或双方之间存有较大的矛盾关系等。

应当回避的人员，首先，适用于审判人员，既包括审判员也包括参加案件审理的陪审员。其次，还适用于书记员、鉴定人、勘验人。

回避的方式有两种：一种是自行回避，即案件的审判人员和其他有关人员，认为自己有法定回避事由的，主动提出回避；另一种是申请回避，即当事人认为案件的审判人员和其他有关人员具有法定回避事由的，有权用口头或者书面方式申请他们回避。当事人申请回避的，应当说明回避事由。当事人可以在案件开始审理时申请回避，回避事由在案件开始审理后知道的，也可以在法庭辩论终结前提出。

回避决定权由受理案件的人民法院行使。院长担任审判长时的回避，由审判委员会决定；审判人员的回避，由院长决定；其他人员的回避，由审判长决定。人民法院对当事人提出的回避申请，应当在申请提出的 3 日内，以口头或者书面形式作出决定。被申请回避的人员在人民法院作出是否回避决定之前，应当暂停参与本案的工作，但案件需要采取紧急措施的除外。申请人对人民法院驳回其申请回避的决定不服的，可以在接到决定时申请复议一次。复议期间，被申请回避的人员，不停止参与本案的工作。人民法院对复议申请，应当在3日内作出复议决定，并通知复议申请人。

（三）公开审判制度

公开审判制度，是指人民法院的审判活动除合议庭评议案件之外，一律公开进行的制度。所谓公开，包括两方面的内容：一是对群众公开，允许群众旁听法院对案件的审判；二是向社会公开，允许新闻媒体采访报道法院对案件的审判和将案情公之于众。劳动争议案件实行公开审判制度，将案件的审判活动置于公众的监督之下进行，提高了审判的透明度，有利于促使人民法院公正、正确行使审判权。对案件的当事人和其他诉讼参与人也起到一定的制约作用，有利于促使他们正确行使诉讼权利和履行诉讼义务。另外，对参加法庭旁听的群众也能起到法制宣传教育作用，从而有利于增强他们的法制意识和法制观念。

根据公开审判制度，人民法院审理劳动争议案件，除法律规定的下列特别情况外，一律公开进行：①涉及国家机密的劳动争议案件；②涉及个人隐私的劳动争议案件；③涉及商业秘密的劳动争议案件，当事人申请不公开审理的，可以不公开审理；④法律另有规定的其他劳动争议案件。凡属于公开审判的案件，人民法院在开庭前应当公告当事人姓名、案由和开庭的时间、地点，开庭时允许群众旁听和新闻记者采访报道。对于宣告判决，则不论是公开审理还是不公开审理的案件，都必须一律公开宣告。

（四）两审终审制度

两审终审制度，是指一个劳动争议案件经过两级人民法院的审判，案件的审判即宣告终结的制度。

根据两审终审制度，一个劳动争议案件经第一审人民法院审判后，当事人如果不服，可以在上诉期间依法向上一级人民法院提起上诉，上一级人民法院对上诉案件所作的裁判是终审裁判，当事人不得再提起上诉。

五、劳动争议诉讼的受案范围

（一）劳动争议诉讼的受案范围的概念和意义

劳动争议诉讼的受案范围，即人民法院对劳动争议案件的主管范围，是指人民法院依法应当和能够受理的劳动争议案件的范围。凡属于人民法院主管的劳动争议案件，当事人起诉又符合条件的，人民法院应依法受理，并适用民事诉讼法规定的程序予以审判；凡不属于人民法院主管的劳动争议案件，人民法院无权受理。

劳动争议诉讼的受案范围在劳动争议诉讼制度中占有重要地位。只有明确劳动争议诉讼受案范围，才能确保人民法院正确行使对劳动争议案件的审判权，避免出现人民法院越权受理案件或相互推诿主管案件的现象，保障劳动争议当事人依法寻求司法救济的权利，维护用人单位和劳动者的合法权益。

（二）劳动争议诉讼的受案范围

根据《劳动法》《企业劳动争议处理条例》以及最高人民法院发布的《关于审理劳动争议案件适用法律若干问题的解释》的规定，人民法院受理劳动争议案件的范围分为以下两类：

1．主体范围

人民法院受理以下用人单位和劳动者之间发生的劳动争议：

（1）中国境内的企业、个体经济组织和与之形成劳动关系的劳动者。

（2）国家机关、事业单位、社会团体与本单位的工人以及其他与之建立劳动合同关系的劳动者。

（3）实行企业化管理的事业单位与其工作人员。

（4）个体工商户与其帮工、学徒。

（5）军队、武警部队的机关、事业组织和企业与其无军籍的职工。

另外，如果我国公民与境外企业签订了劳动合同，而合同的履行地在我国领域内的，双方因履行劳动合同发生劳动争议，人民法院也可受理他们之间的争议。

2. 内容范围

人民法院受理下列内容的劳动争议：

（1）因企业开除、除名、辞退职工和职工辞职、自动离职发生的争议。

（2）因执行国家有关工资、保险、福利、培训、劳动保护的规定发生的争议。

（3）因履行劳动合同发生的争议。

（4）劳动者与用人单位之间没有订立书面劳动合同，但已形成劳动关系后发生的争议。

（5）劳动者退休后，与尚未参加社会统筹的原用人单位因追索养老金、医疗费、工伤保险待遇和其他社会保险费而发生的争议。

（6）法律、法规规定应当依照《企业劳动争议处理条例》处理的其他劳动争议。

六、劳动争议诉讼的管辖

（一）劳动争议诉讼管辖的概念和意义

劳动争议诉讼管辖，是指在法院系统内部，确定各级人民法院和同级人民法院之间受理第一审劳动争议案件的分工和权限。

劳动争议诉讼管辖和劳动争议诉讼受案范围既有区别又有联系。两者的区别在于：劳动争议诉讼受案范围解决的是那些纠纷可以由人民法院受理而进入劳动争议诉讼程序的问题；而劳动争议诉讼管辖解决的是人民法院系统内部受理第一审劳动争议案件的权限分工问题。两者的联系是只有先确定某一案件属于劳动争议诉讼受案范围，才能进一步确定该案件究竟该由哪个人民法院管辖。由此可见，劳动争议诉讼受案范围是劳动争议诉讼管辖的前提和基础，劳动争议诉讼管辖则是劳动争议受案范围的进一步落实。

在法律上明确劳动争议诉讼管辖，对于及时、有效地解决劳动争议，维护劳动争议当事人的合法权益，稳定社会秩序具有十分重要的意义。首先，管辖的确定能使法院审判权得到具体的落实，防止出现法院之间相互争管辖权或相互推诿的现象，从而使法院能及时行使其审判权。其次，对劳动争议当事人来说，明确了管辖，有利于其行使诉讼权利。它可以让原告知道应该到哪个法院去起诉，正确行使起诉权，同时它也可以使被告得以判断受诉法院对案件有无管辖权，从而正确行使提出管辖权异议的权利。

（二）我国民事诉讼法规定的管辖种类

我国民事诉讼法规定的管辖的种类有：级别管辖、地域管辖、移送管辖、指定管辖和管辖权的转移。

1. 级别管辖

级别管辖，是指上、下级人民法院之间受理第一审民事案件的分工和权限。

我国四级人民法院，即基层人民法院、中级人民法院、高级人民法院、最高人民法院，由于职能分工不同，受理第一审民事案件的权限范围也不同。根据民事诉讼法的规定，基层人民法院管辖第一审民事案件，法律另有规定的除外；中级人民法院管辖重大涉外案件，在本辖区有重大影响的案件以及最高人民法院确定由中级人民法院管辖的案件；高级人民法院管辖在本辖区有重大影响的第一审民事案件；最高人民法院管辖在全国有重大影响以及认为应当由本院审理的案件。

2. 地域管辖

地域管辖，是指同级人民法院之间受理第一审民事案件的分工和权限。

地域管辖不同于级别管辖，前者是从横向上划分同级人民法院之间受理第一审民事案件的权限和分工，它要解决的是某一民事案件应由同级人民法院中的哪一个人民法院管辖的问题；后者是从纵向上划分上、下级人民法院之间受理第一审民事案件的分工和权限，它要解决的是某一民事案件应由哪一级人民法院管辖的问题。但是，两者也是有联系的，表现在：地域管辖是在级别管辖的基础上划分的，只有明确了级别管辖，才能进一步确定地域管辖；而在明确级别管辖后，又需进一步通过地域管辖才能落实受理案件的具体法院。

根据民事诉讼法的规定，地域管辖又分为一般地域管辖、特殊地域管辖、专属管辖、共同管辖和协议管辖。

（1）一般地域管辖，又称普通管辖或一般管辖，是指按照当事人的住所所在地与其所在人民法院的隶属关系来确定的管辖。一般地域管辖的原则是“原告就被告”，即案件原则上由被告所在地人民法院管辖。

（2）特殊地域管辖，又称特别地域管辖，是指以诉讼标的所在地或法律事实所在地为标准确定的管辖。特殊地域管辖是相对于一般地域管辖而言的，是民事诉讼法针对一些特别类型案件的诉讼管辖作出的规定。例如，因合同纠纷提起的诉讼，规定由被告住所地或合同履行地人民法院管辖；因侵权行为提起的诉讼，由侵权行为地或被告住所地人民法院管辖。

（3）专属管辖，是指法律强制规定某类案件只能特定的人民法院管辖。专属管辖的特点在于极强的强制排他性，凡是属于专属管辖的案件，都只能由法律规定的人民法院管辖，其他人民法院无管辖权，因而排除了一般地域管辖和特殊地域管辖适用的余地。当事人双方也不得以协议的方式变更管辖，因而也排除了协议管辖。因不动产纠纷、港口作业中发生纠纷、继承遗产纠纷提起的诉讼，适用专属管辖。

（4）共同管辖，是指根据民事诉讼法的规定，两个或两个以上的人民法院对同一诉讼案件都有管辖权。形成共同管辖的情形，有时是因法律的直接规定而发生，有时是因诉讼主体或诉讼客体的原因而发生。在共同管辖的情况下，原告可以向其中任一人民法院起诉。如果原告向两个以上有管辖权的人民法院起诉的，由最先立案的人民法院管辖。

（5）协议管辖，又称约定管辖或合议管辖，是指当事人双方依照法定条件，在纠纷发生之前或发生之后以书面形式自主约定解决他们之间纠纷的管辖法院。根据民事诉讼法的规定，当事人可以协议管辖的案件，只限于合同纠纷，并且只限于第一审合同纠纷，不适用第二审、重审、再审及提审合同纠纷。当事人协议选择管辖法院的范围也只限于被告住所地、合同履行地、合同签订地、原告住所地、标的物所在地这些与合同有实际联系地点的人民法院。当事人协议选择管辖法院时不得违反民事诉讼法对级别管辖和专属管辖的规定。

3. 移送管辖

移送管辖，是指人民法院受理案件后，因发现对该案件本法院没有管辖权，而依法将案件移送给有管辖权的人民法院审理。

移送管辖必须具备以下三个条件：①移送的法院已经受理了案件；②移送的法院对该案件确无管辖权；③受移送的法院对该案件依法享有管辖权。

4. 指定管辖

指定管辖，是指上级人民法院根据法律的规定，以裁定的方式指定其辖区内的下级人民法院对某一案件行使管辖权。设立指定管辖制度的目的在于通过赋予上级人民法院一定的权力，使下级人民法院在出现管辖权不明或发生争议时，问题能得到及时解决，确保诉讼程序顺利进行。

根据民事诉讼法的规定，指定管辖适用于下列三种情况：①有管辖权的人民法院由于特殊原因而不能行使管辖权的，由上级人民法院指定管辖。所谓特殊原因，一是指事实上的特殊原因，如发生了火灾、水灾、地震等自然灾害，致使该地人民法院无法行使管辖权；二是指法律上的特殊原因，如出现有管辖权的人民法院的审判人员均需回避而无法组成合议庭的情况。②人民法院之间因管辖权发生争议，由双方协商解决；协商解决不成的，应报请它们的共同上级人民法院指定管辖。③接受移送案件的人民法院认为受移送的案件不属于本院管辖的，应报请上级人民法院指定管辖。

5. 管辖权的转移

管辖权的转移，是指经上级人民法院的决定或同意，将某一案件的管辖权由人民法院转移给下级人民法院，或由下级人民法院转移给上级人民法院。管辖权的转移一般是在直接的上、下级人民法院之间进行，是对级别管辖的变通和补充。

管辖权的转移与移送管辖在表面上都是案件由一个人民法院转移至另一个人民法院，但两者有根本的区别：管辖权的转移是指由有管辖权的人民法院把案件的管辖权转移给本来无管辖权的人民法院，其本质是移交案件的管辖权；而移送管辖则是无管辖权的人民法院将自己错误受理的案件移送给有管辖权的人民法院，其实质是案件的移送而非管辖权的移交。

七、劳动争议诉讼的管辖

人民法院审理劳动争议案件是依照民事诉讼程序进行审理，因而劳动争议诉讼的管辖适用我国《民事诉讼法》关于管辖的规定。同时，最高人民法院《关于审理劳动争议案件适用法律若干问题的解释》第 8 条规定：“劳动争议案件由用人单位所在地或者劳动合同履行地的基层人民法院管辖。劳动合同履行地不明确的由用人单位所在地的基层人民法院管辖。”这样，《民事诉讼法》关于管辖的规定和上述司法解释就共同形成了确定劳动争议诉讼管辖的法律依据。

（1）劳动争议诉讼的级别管辖：第一审劳动争议案件由基层人民法院管辖原则上最

高人民法院、各高级人民法院和各中级人民法院不受理第一审劳动争议案件。

（2）劳动争议诉讼的地域管辖：劳动争议诉讼实行特殊地域管辖，由用人单位所在地或劳动合同履行地的基层人民法院管辖：劳动合同履行地不明确的，只有用人单位所在地的基层人民法院才有管辖权。所谓劳动合同履行地，一般是指劳动合同约定的劳动者履行劳动义务的地点。因此，劳动争议当事人不服从劳动争议仲裁裁决时，既可以选择向用人单位所在地的基层人民法院起诉，也可以选择向劳动合同履行地的基层人民法院起诉。如果劳动争议当事人分别向用人单位所在地和劳动合同履行地的基层人民法院起诉，由最先立案的人民法院管辖。

（3）人民法院在受理了劳动争议案件后，如果发现本法院对该案件没有管辖权时，应将案件移送给有管辖权的人民法院审理。如果受移送的人民法院认为移送的该案件不属于本法院管辖的，不能将该案件退回移送的人民法院，也不能再移送给自己认为有管辖权的其他人民法院，而应当报请上级人民法院指定管辖。

（4）对劳动争议案件有管辖权的人民法院由于特殊原因，不能行使管辖权的，由上级人民法院指定对该劳动争议案件进行管辖的人民法院；人民法院之间对劳动争议案件的管辖权发生争议时，由争议双方协商解决。协商解决不了的，报请它们共同的上级人民法院指定管辖。上级人民法院应当在收到下级人民法院报告之日起 30 日内，作出指定管辖的决定，并应书面通知报送的人民法院和被指定的人民法院。

（5）用人单位所在地或劳动合同履行地的基层人民法院依法受理劳动争议案件后，上级人民法院如果认为由本院审理为宜的，有权管辖该劳动争议案件；用人单位所在地或劳动合同履行地的基层人民法院对本院管辖的第一审劳动争议案件，如果认为由自己行使审判权确有困难，需要由上级人民法院审理的，也可以报请上级人民法院审理。

题 库

一、判断题（判断下列各题对错，正确的画√，错误的画×）

1. 广义的劳动争议是指“用人单位与劳动者因劳动权利、劳动义务发生分歧而引起的争议”。（ ）

2. 劳动争议不仅仅局限在企业与劳动者关于劳动权利和义务方面，还可能出现在集体合同签订的过程中及劳动者集体一方（工会）与企业关于利益方面的争议。（ ）

3. 未签订劳动合同的事实劳动关系的双方当事人不可以作为劳动争议的主体。（ ）

4. 职工是指与用人单位订立了劳动合同、建立了劳动关系的全体劳动者，包括企业管理人员、专业技术人员、公务员等。（ ）

5. 在一般情况下，劳动纠纷表现为非对抗性矛盾，给社会和经济带来不利影响。（ ）

6.《企业劳动争议处理条例》规定，发生劳动争议的职工一方在5人以上，并有共同理由的，应当推举代表参加调解或者仲裁活动。（ ）

7. 根据《劳动法》的规定，劳动争议有和解、调解、仲裁和诉讼四种处理形式。（ ）

8. 企业劳动争议调解委员会由职工代表、企业代表和企业工会代表组成，其中企业的代表不得超过代表总数的1/3。（ ）

9. 劳动争议发生之日是指当事人知道或者应当知道其权利被侵害之日。如有申请工伤鉴定、向企业劳动争议调解委员会申请调解等法定事由，时效不得暂停计算。（ ）

10. 劳动争议发生后，当事人可以申请调解，也可以直接向法院提起诉讼。（ ）

11. 劳动合同成为处理争议的依据必须具备两个条件：一是劳动合同必须依法订立；二是劳动合同的条款必须具体而明确。（ ）

12. 集体合同中规定的劳动条件是劳动合同的基础，劳动合同确定的劳动条件不能高于集体合同的规定。（ ）

13. 劳动争议处理法律合法原则要求争议处理机关在适用法律处理争议时，不仅要合法，而且在认定案件事实，适用法律条文作出决定时更要准确无误，不得有偏差。（ ）

14. 劳动争议协商中，当事人不愿协商或者协商不成时，有权自主决定申请调解或仲裁，任何组织和个人无权干涉。（ ）

15. 劳动争议协商具有简便、灵活和快捷的优势，是我国法律所提倡的解决争议的方式，也是处理劳动争议的法定必经程序。（ ）

16. 通过调解解决劳动争议，可以从根本上化解劳动纠纷，促使双方继续合作，从而最大程度地维护劳动者的权益，也使用人单位降低由于员工流失造成的经济损失。（ ）

17. 根据劳动争议的具体情况以及解决的难易程度，劳动争议协商主要有以下两种形式：即时协商和集体合同争议协商。（ ）

18. 劳动争议调解委员会由三方组成，有利于各方在调解中充分表达当事人特别是有利于职工一方的意愿和要求，有利于调解委员会在充分听取各方意见的基础上全面了解案情，提出恰如其分的调解方

案，三方代表中的具体人选可能具有双重身份。（ ）

19．企业劳动争议调解委员会主任的职责有主持调解委员会会议，及时指派调解委员调解简单劳动争议，督促劳动争议双方当事人履行调解协议等。（ ）

20．区域性劳动争议调解委员会由工会代表、劳动行政部门的代表及社会有关人士代表三方组成。工会代表可以由地方总工会派代表兼任，也可以由区域内企业工会推举产生。（ ）

21．劳动争议当事人，是指与劳动争议法律事实有直接利害关系的人，产生于劳动关系、民事关系或行政关系。（ ）

22．行政仲裁是由行政机构充当仲裁人居中进行裁决的行为，劳动仲裁具有很强的行政性，属于行政仲裁。（ ）

23．仲裁期限相对诉讼期限较短，可以减少解决争议时间，以维护正常的生产经营秩序，促进经济的发展。（ ）

24．劳动争议仲裁中独立仲裁原则主要体现为仲裁的提出无须双方当事人的协商一致，只要有一方申请，仲裁委员会即可受理；仲裁庭在调解无效时，依法行使裁决权，直接对劳动争议作出裁决。（ ）

25．《劳动法》把仲裁期限开始的时间由过去组成仲裁庭之日提前为仲裁机构收到仲裁申请之日，缩短了过去的仲裁期限，有利于劳动争议的迅速解决，促使仲裁机构提高工作效率，有效地维护当事人的合法权益。（ ）

26．未经监理工程师签字，建筑材料、建筑构配件和设备可以在工程上使用或者安装，施工单位不可以进行下一道工序的施工。（ ）

27．建设工程在保修范围和保修期限内发生质量问题的，施工单位应当履行保修义务，并对造成的损失承担赔偿责任。（ ）

28．建设工程在超过合理使用年限后需要继续使用的，产权所有人应当委托具有相应资质等级的勘察、设计单位鉴定，并根据鉴定结果采取加固、维修等措施，重新界定使用期。（ ）

29．国务院建设行政主管部门和国务院铁路、交通、水利等有关部门应当加强对有关建设工程质量的法律、法规和强制性标准执行情况的监督检查。（ ）

30．建设工程承包单位在向建设单位提交工程竣工验收报告时，应当向建设单位出具质量保修书。质量保修书中应当明确建设工程的保修范围、保修期限和保修责任等。（ ）

31．国务院建设行政主管部门和国务院铁路、交通、水利等有关部门应当加强对有关建设工程质量的法律、法规和强制性标准执行情况的监督检查。（ ）

32．迫使承包方以低于成本的价格竞标的，处20万元以上50万元以下的罚款。（ ）

33．任意压缩合理工期的处10万元以上30万元以下的罚款。（ ）

34．勘察单位未按照工程建设强制性标准进行勘察的，处20万元以上50万元以下的罚款。（ ）

35．设计单位未根据勘察结果文件进行工程设计的处10万元以上30万元以下的罚款。（ ）

36．如果材料是比较密实的（如石子、砂子等），可不必磨成细粉，而直接用排水法求得其绝对体积的近似值，这样所得的密度称为表观密度。（ ）

37．凡含孔隙的固体材料其密实度均小于1。（ ）

38．具有封闭或粗大孔隙的材料，它的吸水率往往较小。（ ）

39．材料的抗冻性用软化系数表示。（ ）

40．材料的渗透系数越大，表明材料的抗渗性越好。（ ）

41．钢材的屈强比越大，表示钢材受力超过屈服点时，仍有较大的储备潜力，安全可靠性大。（ ）

42．冲击韧性指钢材抵抗冲击荷载作用而不破坏的能力，其指标为冲击功。（ ）

43．钢材在交变荷载反复多次作用下，可在最大应力远高于屈服强度的情况下突然破坏，这种破坏称为疲劳破坏。（ ）

44．冷拉是将光面圆钢筋通过硬质合金拔丝模孔强行拉拔。（ ）

45．Q215 号钢，强度低，塑性和韧性较好，易于冷加工，经冷加工后可代替 Q235 号钢使用。（ ）

46．热轧、冷轧钢板均有有厚板（厚度大于 4mm）和薄板（厚度小于 4mm）两种。（ ）

47．设计强度等于配制强度时，混凝土的强度保证率为 95%。（ ）

48．我国北方有低浓度硫酸盐侵蚀的混凝土工程宜优先选用矿渣水泥。（ ）

49．体积安定性检验不合格的水泥可以降级使用或作混凝土掺合料。（ ）

50．强度检验不合格的水泥可以降级使用或作混凝土掺合料。（ ）

51．材料的抗渗性主要决定于材料的密实度和孔隙特征。（ ）

52．普通混凝土的强度等级是根据 3 天和 28 天的抗压、抗折强度确定的。（ ）

53．硅酸盐水泥的耐磨性优于粉煤灰水泥。（ ）

54．高铝水泥的水化热大，不能用于大体积混凝土施工。（ ）

55．低合金钢的塑性和韧性较差。（ ）

56．比强度是材料轻质高强的指标。（ ）

57．随含碳量提高建筑钢材的强度、硬度均提高，塑性和韧性降低。（ ）

58．施工进度的监测是进度计划实施情况信息的主要来源，又是分析问题、采取措施、调整计划的依据。（ ）

59．理想的项目成本管理结果应该是：计划成本＞实际成本＞承包成本。（ ）

60．施工图预算我们通常简称为施工预算。（ ）

61．责任成本预算中可以没有人工、材料、机械台班等数量指标，但是必须有按照人工、材料、机械台班等的固定价格计算的价值指标。（ ）

62．在合同履行过程中，项目经理部有权对作业队的进度、质量、安全和现场管理标准进行监理，同时按合同规定支付劳务费用。至于作业队成本的节约或超支，属于作业队自身的管理范畴，项目经理部无权过问，也不应该过问。（ ）

63．在施工过程中，如遇工程变更或改变施工方法，应由预算员对施工预算作统一调整和补充，除了项目经理其他人不得任意修改施工预算，或故意不执行施工预算。（ ）

64．工程质量越高，故障成本越高。（ ）

65．排水系统不畅，一遇下雨，现场积水严重，造成电器设备受潮容易触电，水泥受潮就会变质报废。（ ）

66.项目管理不善造成的损失应列入施工图预算，但不允许违反政策向建设单位高估冒算或乱收费。（ ）

67．企业的营业外支出，是与企业施工生产经营无关的支出，所以不能构成工程成本。（ ）

68．周转材料分析的主要内容是：周转材料的周转利用率和周转材料的赔损率。（ ）

69．完好台班数，是指机械处于完好状态下的台班数，它不包括修理不满一天的机械，也不包括待修、在修、送修在途的机械。（ ）

70．工程大致分为两种：一是结构共性较多的称为一般工程；二是结构比较复杂、技术含量高的称为复杂工程。（ ）

71．砖混结构施工的测量放线：砖墙砌起 1 m 左右高时，在房屋内部进行抄平，给室内提供一条离设计地面标高 10 cm 的一条水平线，为安装楼板、室内抹地面、装饰等用。（ ）

72．在测量有孔材料的密实体积时，须将材料磨成细粉（粒径小于 0.20 mm），干燥后用李氏瓶测定。（ ）

73．材料的表观密度我们一般简称为材料密度。（ ）

74．对于经常处于水中或受潮严重的重要结构物的材料，其软化系数不宜小于 0.75；受潮较轻或次要结构物的材料，其软化系数不宜小于 0.65。（ ）

75．大体积混凝土工程宜选用硅酸盐水泥。（ ）

76．水灰比越大，水泥浆硬化后强度越高，与集料表面的黏结力也越强，则混凝土的强度也越高。（ ）

77．材料在交变应力作用下，在远低于抗拉强度时突然发生断裂，称为疲劳破坏。（ ）

78．根据腐蚀作用的机理，钢材的腐蚀分为化学腐蚀与物理腐蚀两种。（ ）

79．混凝土结构耐久性的因素很多，主要有内部和外部两个方面。内部因素主要有环境条件，包括温度、湿度等。（ ）

80．在确定保护层厚度时，不能只增大厚度，因为增大厚度一方面不经济；另一方面使裂缝宽度增大，效果不好；较好的方法是采用防护覆盖层，并规定维修年限。（ ）

二、单选题（以下各题的备选答案中只有一个最符合题意，请将其选出）

1．劳动争议发生在劳动关系领域，以下不属于劳动争议的构成要素的是（ ）。

A．劳动争议的主体　　B．劳动争议客体

C．劳动争议的内容　　D．劳动争议的结果

2．以下说法中，不正确的是（ ）。

A．不具有劳动法律关系主体身份者之间所发生的争议，不属于劳动纠纷

B．如果争议不是发生在劳动关系双方当事人之间，即使争议内容涉及劳动问题，也不构成劳动争议

C．劳动纠纷均表现为对抗性矛盾，但是在一定条件下可以转化为非对抗性矛盾

D．劳动关系是劳动权利义务关系，如果劳动者与用人单位之间不是为了实现劳动权利和劳动义务而发生的争议，就不属于劳动纠纷的范畴

3．按（ ）划分，劳动争议可分为社会主义性质的劳动争议和资本主义性质的劳资纠纷。

A．劳动争议的主体　　B．劳动争议的客体

C．劳动争议的性质　　D．劳动争议的具体内容

4．根据《劳动法》的规定，劳动争议发生后，双方应当协商解决；不愿协商或协商不成的，可以向企业劳动争议调解委员会申请（ ）。

A．和解　　B．调解

C．仲裁　　D．诉讼

5．企业劳动争议调解委员会由职工代表、企业代表和企业工会代表组成，其中企业的代表不得超过代表总数的（ ）分之一，该委员会的主任由工会代表担任，其调解的程序和实现要严格按照《企业劳动争议调解委员会组织计工作规则》规定执行。

A．二　　B．三

C．四　　D．五

6．调解委员会应在接到调解申请后即向对方征求意见，如双方不愿意调解的，应于 3 日内以书面形式通知申诉人，如果对方愿意调解的，则应于（　）日内作出是否受理的决定。

A．7　　B．5

C．4　　D．3

7．调解委员会调解争议还应于受理之日（　）日内结束，否则视为调解不成。

A．7　　B．15

C．20　　D．30

8．根据《劳动法》第 82 条的规定，提出仲裁要求的一方应当自劳动争议发生之日起（　）日内向劳动仲裁争议委员会提出书面申请。

A．30　　B．45

C．60　　D．90

9．以下对劳动争议的说法不正确的是（　）。

A．劳动争议时效同样适应民法中有关时效中断的理论

B．劳动争议发生之日是指当事人知道或者应当知道其权利被侵害之日

C．超过法定的仲裁时效，而且又没有不可抗力原因或其他正当理由，当事人就丧失了仲裁的权利

D．如有申请工伤鉴定、向企业劳动争议调解委员会申请调解等法定事由，则时效暂停计算，有关事由消除后时效继续计算

10．仲裁委员会仲裁后，当事人对仲裁裁决不服的可以自收到仲裁裁决书之日起（　）日内以争议对方为被告向人民法院提起诉讼。

A．7　　B．15

C．20　　D．30

11．根据《劳动法》第 79 条的规定，劳动争议发生后，当事人可以申请调解，也可以直接申请仲裁。但不可以未经（　）直接向法院提起诉讼。

A．和解　　B．调解

C．仲裁　　D．诉讼

12．《违反和解除劳动合同的经济补偿办法》属于（　）。

A．劳动法律　　B．劳动自治条例和单行条例

C．劳动规章　　D．劳动行政法规

13．《国务院关于职工工作时间的规定》属于（　）。

A．劳动法律　　B．劳动自治条例和单行条例

C．劳动规章　　D．劳动行政法规

14．以下对劳动合同说法不正确的是（　）。

A．尽管是条款含糊不清、似是而非的合同，但是可以作为处理劳动争议的依据

B．内容违法，或违反平等自愿的原则，强迫或胁迫签订的合同，不能作为处理劳动争议的依据

C．劳动合同一经签订，对双方当事人就具有法律约束力，双方都应依照合同的规定，履行各自的义务

D．劳动合同是劳动法规定的用人单位与劳动者确立劳动关系的基本形式，是用人单位与职工签订的，用以确定双方权利义务的协议

15．集体合同草案文本经职工大会或职工代表大会审议后，由企业法定代表人和工会主席签字后，

报送劳动行政部门。劳动行政部门自收到集体合同文本（ ）日内未提出异议的，集体合同立即生效。

A．7　　B．15
C．20　　D．30

16．《劳动法》在争议处理程序上有了一些发展和变化：一是将申请仲裁的期限由原来的（ ），改为 60 天，仲裁裁决的作出由原来的自组成仲裁庭之日起 60 日内，改为自收到仲裁申请之日起 60 日内，大大缩短了案件的处理时间。

A．3 个月　　B．4 个月
C．5 个月　　D．6 个月

17．根据《企业劳动争议处理条例》和《劳动法》的规定，调解委员会调解争议应在接到申请之日起（ ）日内结束。人民法院审理劳动争议案件的期限目前应符合《民事诉讼法》的规定。

A．30　　B．45
C．60　　D．90

18．根据《企业劳动争议处理条例》和《劳动法》的规定，仲裁委员会的仲裁应在收到仲裁申请的（ ）日内作出。人民法院审理劳动争议案件的期限目前应符合《民事诉讼法》的规定。

A．30　　B．45
C．60　　D．90

19．法律冲突选择适用规则，是指劳动争议处理机关在处理劳动争议案件时，存在法律规范冲突的情况下，为解决适用何种规范问题而采取的方法和所遵守的规则。当不同效力层次的规范发生冲突时，适用高层次的法律规范。以下对于效力层次的排序正确的是（ ）。

A．法律＞行政法规和地方性法规＞部门规章和地方政府规章＞其他规范性文件
B．法律＞部门规章和地方政府规章＞行政法规和地方性法规＞其他规范性文件
C．法律＞行政法规和地方性法规＞其他规范性文件＞部门规章和地方政府规章
D．法律＞其他规范性文件＞行政法规和地方性法规＞部门规章和地方政府规章

20．劳动争议处理的主体范围是指哪些用人单位和职工能够成为劳动争议的当事人，并可以申请劳动争议处理机构处理争议。根据我国处理劳动争议的有关规定，劳动争议处理机构受理（ ）主体的争议。

A．中国境内的企业、个体经济组织和与之形成劳动关系的劳动者
B．国家机关、事业单位、社会团体与本单位的工人以及与之建立劳动合同关系的劳动者
C．实行企业化管理的事业单位与其工作人员，个体工商户与帮工、学徒以及军队、武警部队的事业组织和企业与其无军籍的职工
D．ABC

21．劳动争议协商除必须坚持劳动争议处理的一般原则外，根据协商的特点还必须坚持的原则有（ ）。

A．主体合法原则　　B．坚持平等协商原则
C．坚持合法协商的原则　　D．ABC

22．劳动争议协商的形式可以是灵活多样的。根据劳动争议的具体情况以及解决的难易程度，劳动争议协商主要有（ ）形式。

A．即时协商　　B．协商会议
C．集体合同争议协商　　D．ABC

23．以下对于调解的说法不正确的是（ ）。

A．所谓调解，是指在与争议无利害关系的第三人的主持下，在查清事实、分清是非的基础上，通过说服、劝导争议双方通过民主协商，互谅互让，达成协议，从而消除争议的方法和活动

B．调解是在第三人主持下进行的，但无公断权。第三人只可以是个人。调解人不具有公断权，调解人不能将自己的意志强加于争议的当事人

C．调解的方法是说服教育和劝导协商。调解是以对当事人说服教育的方式进行的，要晓之以理，动之以情，排除任何压服的做法，使当事人从内心接受调解意见，从而缓和矛盾，解决纠纷

D．调解的前提是双方当事人完全自愿。调解是在双方当事人自愿申请的基础上进行的，调解协议也是双方当事人互谅互让、自愿协商的结果，调解协议又是在当事人自觉的基础上执行的

24．劳动争议调解具有调解的一般特征。在我国的劳动争议调解制度中，劳动争议的调解有广义和狭义之分。以下属于狭义的劳动争议调解的是（ ）。

A．企业劳动争议调解委员会的调解

B．用人单位劳动争议调解委员会的调解

C．劳动争议仲裁委员会的调解

D．人民法院的调解

25．以下属于劳动争议调解的特征的是（ ）。

A．非诉讼性　　B．调解主体特定

C．调解过程具有任意性　　D．ABC

26．根据《劳动法》和《企业劳动争议处理条例》的规定，劳动争议调解委员会由职工代表、用人单位代表和工会代表三方组成。以下说法中不正确的是（ ）。

A．职工代表由职工代表大会或职工大会推举产生

B．用人单位代表由其法定代表人指定，企业调解委员会的企业代表由厂长或经理指定

C．工会代表由用人单位工会委员会指定

D．三方代表中的具体人选可能具有双重身份，可代表两方参加劳动争议的调解工作

27．根据《劳动法》和《企业劳动争议处理条例》的规定，劳动争议调解委员会由职工代表、用人单位代表和工会代表三方组成。以下说法中不正确的是（ ）。

A．用人单位的代表人数不得超过调解委员会成员总数的1/2

B．劳动争议调解委员会组成人员的具体人数由职工代表大会提出，并与用人单位的法定代表人协商确定

C．女职工人数较多的单位，调解委员会成员中应当设立女职工代表

D．没有成立工会组织的用人单位，调解委员会的设立及组成由职工代表与企业代表协商

28．为保证劳动争议调解委员会正常开展工作，《工会参与劳动争议处理试行办法》第15条规定：“劳动争议调解委员会委员调离本单位或需要调整时，应由原推举单位或组织在（ ）日内依法推举或指定人员补齐。调解委员会委员调离或调整过半数以上的，应按规定程序重新建立。”

A．30　　B．45

C．60　　D．90

29．劳动争议调解委员会是设在企业内的调解组织，在企业内具有相对独立的地位，它不隶属于任何一个机构或组织。从我国现行劳动争议处理法规规定的内容来看，它主要有（ ）的性质。

A．法定性　　B．独立性

C．专一性　　D．ABC

30．以下对劳动争议调解委员会独立性的性质说法不正确的是（　）。

A．劳动争议调解委员会由三方代表组成的机构，在用人单位中具有相对独立的地位，它不隶属于任何一个机构或组织，尤其是独立于单位行政和劳动者之外

B．调解委员会在调解工作中，依照既定的调解程序进行，不受企业内外任何个人、国家行政机关、司法机关的干预

C．劳动争议仲裁委员会与企业调解委员会存在业务指导和领导与被领导关系

D．来自局外人的议论或者企业领导人的旨意均不能作为调解人员提出调解意见的依据

31．以下不属于企业劳动争议调解委员会主任的职责的是（　）。

A．主持调解委员会会议，以确定调解方案

B．督促劳动争议双方当事人履行调解协议

C．决定企业劳动争议调解委员会委员的回避

D．召集由调解委员、劳动争议双方当事人参加的调解会议，依法主持调解

32．以下不属于企业劳动争议调解委员会委员的职责的是（　）。

A．保证当事人自愿调解、申请回避和申请仲裁的权利

B．做好劳动争议的预防工作

C．及时指派调解委员调解简单劳动争议

D．及时做好调解文书及案卷的整理归档工作

33．企业劳动争议调解委员会的工作制度有（　）。

A．劳动争议案例分析统计制度

B．劳动争议调解回避制度

C．企业劳动争议调解委员会会议制度

D．ABC

34．劳动争议调解回避制度，根据《企业劳动争议调解委员会组织及工作规则》第 19 条的规定，企业劳动争议调解委员会成员有下列情形之一者，当事人有权以口头或书面形式提出申请，要求其回避（　）。

A．与劳动争议有利害关系的

B．是劳动争议当事人或者当事人近亲属的

C．与劳动争议当事人有其他关系，可能影响公正调解的

D．ABC

35．以下不属于构成区域性劳动争议调解委员会成员的是（　）。

A．社会有关人士代表　　B．用人单位代表

C．劳动行政部门的代表　　D．工会代表

36．根据我国劳动争议处理立法规定，以及从我国劳动争议处理的活动中总结出来的具有规律性的经验，普遍适用企业劳动争议调解的特有原则有以下四项：自愿原则、（　）、尊重当事人申请仲裁和诉讼权利原则和处理简捷、不收费的原则。

A．主体合法原则　　B．平等协商原则

C．合法协商的原则　　D．民主协商原则

37．我国劳动争议仲裁特征体现在（　）几个方面。

①实行独特的三方原则；②劳动争议仲裁属于强制仲裁，一般民事仲裁属于自愿仲裁；③劳动仲裁具有很强的行政性，但不属于行政仲裁；④劳动争议仲裁是劳动争议诉讼程序的前置程序；⑤劳动争议仲裁一次裁决但不终局；⑥处理结果具有法律效力。

A. ②③④⑤　　B. ②③④⑤⑥

C. ①②③④⑤　　D. ①②③④⑤⑥

38. 我国的劳动争议仲裁委员会是在计划经济的体制下建立起来的。因为我国当时的经济形态是以国有经济形式为主，多种经济形式并存，真正的市场主体（产权清晰、权责明确、自主经营、自负盈亏的经济主体）还处于缺位的状态，政企尚未完全分开，所以不属于劳动争议仲裁委员会的代表的是（　）。

A. 经济综合管理部门代表　　B. 用人单位代表

C. 劳动行政部门的代表　　D. 工会代表

39. 强制劳动争议仲裁源于 1890 年的新西兰，现在部分地采用强制仲裁制度，仍以自愿仲裁为主的国家有（　）。

A. 中国　　B. 美国

C. 德国　　D. 英国

40. 劳动争议仲裁裁决作出后，并非完全没有法律效力，而是其效力处于待定状态。当事人在收到裁决书之日起（　）日内不提起诉讼的，仲裁裁决发生法律效力。

A. 7　　B. 15

C. 20　　D. 30

41. 其他仲裁制度如合同纠纷仲裁、海事仲裁等，被广泛运用于经济领域中以解决经济纠纷。以下不属于劳动争议仲裁与其他仲裁制度的区别的是（　）。

A. 仲裁主体不同　　B. 仲裁客体不同

C. 仲裁的地位不同　　D. 仲裁争议的范围不同

42. 由于劳动争议仲裁与其他制度相比有着不同的特点，因此，劳动争议仲裁除了以上述原则为基本原则外，还应遵循其特有的原则，这些原则主要包括（　）。

①合议原则；②强制原则；③一次裁决原则；④自愿原则；⑤独立仲裁原则；⑥平等协商原则；⑦主体合法原则；⑧三方原则；⑨区分举证责任原则；⑩程序简便、收费低、为当事人保密原则

A. ②③④⑥⑦⑧⑨　　B. ②③⑤⑥⑦⑨⑩

C. ①②③⑤⑧⑨⑩　　D. ①②③⑥⑧⑨⑩

43. 时效是在规定的期限内，劳动争议当事人不行使申诉权，申诉权因期满而归于消灭的制度。当事人应当从知道或者应当知道其权利被侵害之日起（　）天内，以书面形式向劳动争议仲裁委员会申请仲裁。

A. 30　　B. 45

C. 60　　D. 90

44. 劳动争议当事人向企业劳动争议调解委员会申请调解的，自当事人提出申请之日起，仲裁申诉时效中止。企业劳动争议调解委员会应当在（　）日内结束调解，结束调解之日起，当事人的申诉时效继续计算。

A. 30　　B. 45

C. 60　　D. 90

45. 以下对劳动争议诉讼的特征表现说法正确的是（　）。

A．劳动争议诉讼适用民事诉讼法的规定

B．劳动争议诉讼的争议标的必须经过劳动争议仲裁

C．劳动争议诉讼的当事人是特定的。劳动争议诉讼当事人之间原则上必须存在劳动关系，即一方是用人单位，另一方是劳动者

D．ABC

46．合议制度是指由（ ）名以上审判人员组成审判组织对案件进行审理并作出裁判的制度。合议制度是相对于由 1 名审判员独立审理案件的独任制而言的。

A．1　　B．2

C．3　　D．5

47．根据民事诉讼法的规定，有（ ）法律事由，应当主动退出本案的审理，当事人及其诉讼代理人也有权请求上述人员退出的制度。

A．与本案有利害关系

B．是本案的当事人或者当事人、诉讼代理人的近亲属

C．与本案当事人有其他关系，可能影响案件公正审理的

D．ABC

48．人民法院对当事人提出的回避申请，应当在申请提出的（ ）日内，以口头或者书面形式作出决定。

A．3　　B．5

C．7　　D．15

49．申请人对人民法院驳回其申请回避的决定不服的，可以在接到决定时申请复议一次。复议期间，被申请回避的人员，不停止参与本案的工作。人民法院对复议申请，应当在（ ）日内作出复议决定，并通知复议申请人。

A．3　　B．5

C．7　　D．15

50．我国四级人民法院，即基层人民法院、中级人民法院、高级人民法院、最高人民法院，由于职能分工不同，受理第一审民事案件的权限范围也不同。根据民事诉讼法的规定，（ ）管辖在本辖区有重大影响的第一审民事案件。

A．基层人民法院　　B．中级人民法院

C．高级人民法院　　D．最高人民法院

51.下列不属于隐蔽工程验收的是（ ）。

A．钢筋混凝土工程的钢筋　　B．混凝土工程的混凝土

C．地基与基础工程中的地基土质　　D．基础尺寸及标高

52.下列不属于隐蔽工程验收项目与检查内容中的土方工程的是（ ）。

A．基坑（槽）或管沟开挖竣工图　　B．排水盲沟设置情况

C．填方土料　　D．地基夯实施工记录

53．下列不属于隐蔽工程验收项目与检查内容中的地基与基础工程的是（ ）。

A．基坑（槽）底土质情况　　B．基底标高及宽度

C．对不良基土采取的处理情况　　D．冻土块含量及填土压实试验记录

54．下列不属于隐蔽工程验收项目与检查内容中的砖石工程的是（ ）。

A．基础砌体　　B．沉降缝、伸缩缝和防震缝

C．砌体中配筋情况　　D．保温隔热层、找平层、防水层的施工记录

55．下列不属于隐蔽工程验收项目与检查内容中的钢筋混凝土工程的是（　）。

A．钢筋的品种、规格、形状、尺寸、数量及位置

B．钢筋接头情况，钢筋除锈情况

C．预埋件数量及其位置，材料代用情况

D．砌体中配筋情况

56．下列不属于隐蔽工程验收项目与检查内容中的地下防水工程的是（　）。

A．地面下的地基土、各种防护层及经过防腐处理的结构或连接件

B．卷材防水层及沥青胶结材料防水层的基层

C．防水层被地面、砌体等掩盖的部位

D．管道设备穿过防水层的固封处

57．下列不属于隐蔽工程验收项目与检查内容的是（　）。

A．土方工程　　B．屋面工程

C．地面工程　　D．楼面工程

58．工程竣工验收是对建筑企业生产、技术活动成果进行的一次综合性检查验收。因此，在工程正式交工验收前，应由（　）进行自检与自验，发现问题及时解决。

A．施工安装单位　　B．建设单位

C．设计单位　　D.上级主管部门

59．在竣工验收时，（　）应提供竣工资料。

A．施工单位　　B．建设单位

C．设计单位　　D．监理单位

60．下列不属于分项工程质量检查评定程序的是（　）。

A．确定分项工程名称　　B．主控项目检查

C．汇总分项工程　　D．填写分项工程质量检验评定表

61．下列属于分部工程质量检查评定程序的是（　）。

A．汇总分项工程　　B．填写分部工程质量评定表

C．确定分项工程名称　　D．主控项目检查

62．一般建设项目按两个阶段进行设计，即初步设计阶段和施工图设计阶段。对于技术要求复杂的项目，可在设计阶段之间，增加（　）阶段，用来解决各工种之间的协调等技术问题。

A．技术设计　　B．初步设计

C．施工图设计　　D．施工图预算

63．将拟建工程四周一定范围内的新建、拟建、原有和拆除的建筑物、构筑物连同其周围的地形地物状况，用水平投影方法和相应的图例所画出的图样，即称为（　）。

A．总平面图　　B．设计说明

C．建筑平面图　　D．建筑立面图

64．总平面图通常选用的比例为 1∶500、1∶1000、1∶2000 等，尺寸（如标高、距离、坐标等）以米（m）为单位，并至少应取至小数点后（　）位，不足时以“0”补齐。

A．1　　B．2　　C．3　　D．4

65. 我们把房屋用一个假想的水平剖切平面，沿门、窗洞口部位（指窗台以上，过梁以下的空间）水平切开，移出剖切平面以上的部分，把剖切平面以下的物体投影到水平面上，所得的水平剖面图称为（ ）。

A. 总平面图 B. 设计说明

C. 建筑平面图 D. 建筑立面图

66. 在平面图中，一般标注（ ）道外部尺寸。

A. 一 B. 二 C. 三 D. 四

67. 在平面图中，一般标注三道外部尺寸。最外面一道尺寸为建筑物的总长和总宽，表示外轮廓的总尺寸，又称（ ）。

A. 外包尺寸 B. 轴线尺寸

C. 细部尺寸 D. 内包尺寸

68. 中间一道为房间的开间及进深尺寸，表示轴线间的距离，称为（ ）。

A. 外包尺寸 B. 轴线尺寸

C. 细部尺寸 D. 内包尺寸

69. 里面一道尺寸为门窗洞口、墙厚等尺寸，表示各细部的位置及大小，称为（ ）。

A. 外包尺寸 B. 轴线尺寸

C. 细部尺寸 D. 内包尺寸

70. 用平行建筑物的某一墙面的平面作为投影面，向其作正投影所得到的投影图主要用于表示建筑物的体形和外貌、立面各部分配件的形状及相互关系、立面装饰要求及构造做法的是（ ）。

A. 总平面图 B. 设计说明

C. 建筑平面图 D. 建筑立面图

71. 假想用一个平行于投影面的剖切平面，将房屋剖开，移去观察者与剖切平面之间的房屋部分。作出剩余部分的房屋的正投影，所得图样称为（ ）。

A. 总平面图 B. 设计说明

C. 建筑剖面图 D. 建筑立面图

72. 门窗洞口（包括洞口上部和窗台）高度、层间高度及总高度（室外地面至檐口或女儿墙顶）。有时，后两部分尺寸可不标注，是指（ ）。

A. 外部尺寸 B. 内部尺寸

C. 标高尺寸 D. 轴线尺寸

73. 地坑深度。隔断、搁板、平台、墙裙及室内门窗的高度，是指（ ）。

A. 外部尺寸 B. 内部尺寸

C. 标高尺寸 D. 轴线尺寸

74.注出室内外地面、各层楼面、阳台、楼梯平台、檐口、圈梁、屋脊、女儿墙、雨篷、门窗、台阶等处的标高，是指（ ）。

A. 外部尺寸 B. 内部尺寸

C. 标高尺寸 D. 轴线尺寸

75. 把房屋的细部或构配件的形状、大小、材料和做法等，按正投影的原理，用较大的比例绘制出来的图样（也称为大样图或节点图）。它是建筑平面图、立面图和剖面图的补充，详图比例常用 1∶1～1∶50，是指（ ）。

A. 总平面图　　B. 设计说明

C. 建筑平面图　　D. 建筑详图

76. 主要用来表示外墙各部位的详细构造、材料做法及详细尺寸，如檐口、圈梁、过梁、墙厚、雨篷、阳台、防潮层、室内外地面、散水等，是指（　）。

A. 外墙详图　　B. 楼梯间详图

C. 阳台详图　　D. 雨篷详图

77. 主要表示楼梯段的长度、踏步级数、楼梯结构形式及所用材料、房屋地面、露面、休息平台、栏杆和墙体的构造做法，以及楼梯各部分的标高和乡土索引符号的是（　）。

A. 楼梯平面图　　B. 楼梯剖面图

C. 建筑平面图　　D. 总平面图

78. 除了为了建筑物的安全，还应按建筑各方面的要求进行力学与结构计算，决定建筑城中构建（如基础、梁、板、柱等）的布置、形状、尺寸和详细设计的构造要求，并将其结果绘制成图样，用以指导施工，这样的图样称为（　）。

A. 建筑施工图　　B. 结构施工图

C. 建筑平面图　　D. 总平面图

79. 可以使我们了解图纸的总张数和每张图纸的内容，核对图纸的完整性，查找所需要的图纸的是（　）。

A. 结构设计图纸目录　　B. 结构设计总说明

C. 结构平面图　　D. 构件详图

80. 房屋承重结构的整体布置图，主要表示结构构件的位置、数量、型号及相互关系，与建筑平面图一样，属于全局性的图纸，通常包含基础布置平面图、楼层结构平面图、屋顶结构平面图、柱网平面图的是（　）。

A. 结构设计图纸目录　　B. 结构平面布置图

C. 结构平面图　　D. 构件详图

81. 表示单个构件形状、尺寸、材料、构造及工艺的图样，属于局部性的图纸。其主要内容有：基础详图，梁、板、柱等构件详图；楼梯结构详图的是（　）。

A. 结构设计图纸目录和设计总说明　　B. 结构平面布置图

C. 结构构件详图　　D. 结构平面图

82. 将材料分为无机材料、有机材料、复合材料，是按照（　）划分的。

A. 材料的属性　　B. 材料的成分

C. 材料的作用　　D. 用于建筑物的部位

83. 材料烘干状态下的质量/材料在自然状态下的体积，得出的是（　）。

A. 材料的密度　　B. 材料的表观密度

C. 材料的堆积密度　　D. 材料的干表观密度

84. 李氏瓶是用来测量其材料（　）的。

A. 密度　　B. 质量

C. 绝对体积　　D. 堆积密度

85. 对同种材料来说，较密实的材料，其强度____，吸水性____，导热性____。（　）

A. 较高、较大、较差　　B. 较低、较大、较差

C．较高、较小、较好　　D．较低、较小、较好

86．以下说法不正确的是（　）。

A．孔隙率越小，则材料的强度越高，容重越大

B．孔隙按构造可分为连通孔与封闭孔两类

C．孔隙率是指散粒材料颗粒间的空隙体积占总体积的百分率

D．材料的密实度是指材料体积内被固体物质所充实的程度，即材料的密实体积与自然体积之比

87．材料在空气中与水接触时，根据其能否被润湿，可把材料分为（　）两类。

A．亲水性材料和憎水性材料　　B．连通孔材料与封闭孔材料

C．有机材料和无机材料　　D．细微孔材料和粗大孔材料

88．下图是（　）的润湿示意图。

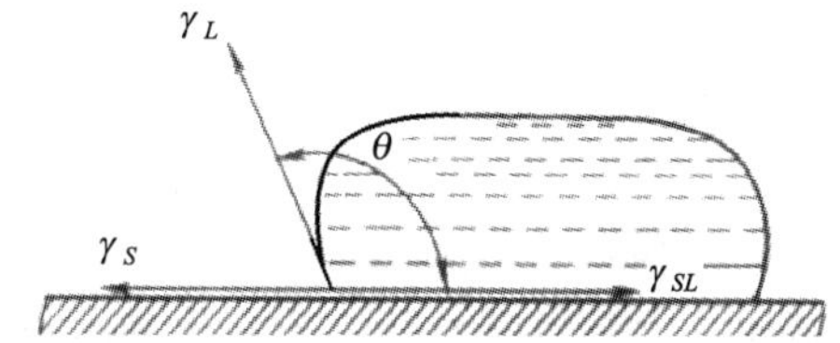

A．亲水性材料　　B．憎水性材料

C．有机材料　　D．无机材料

89．以下属于憎水性材料的是（　）。

A．砖　　B．沥青

C．砂浆　　D．木材

90．以下说法不正确的是（　）。

A．吸水率有质量吸水率和体积吸水率两种表示方法

B．材料的吸水性与其孔隙率的大小和孔隙特征有关

C．一般说来，孔隙率越大，吸水率越大

D．如果材料具有细微而连通的孔隙，其吸水率就较小

91．材料在潮湿的空气中吸收水分的性质称为吸湿性。吸湿性大小可用（　）表示。

A．吸水率　　B．含水率

C．吸湿率　　D．软化系数

92．按坍落度的不同可将混凝土拌合物分成不同等级，当坍落度为 120 mm 时，试验混凝土属于（　）。

A．干硬性混凝土　　B．塑性混凝土

C．流态混凝土　　D．大流动性混凝土

93．对于干硬性混凝土拌合物，通常采用维勃稠度仪测定其稠度。该法适用于骨料最大粒径不超过 40 mm，维勃稠度在 5～30 s 之间的混凝土拌合物。当维勃稠度为 40 s 时，属于（　）。

A．超干硬性混凝土　　B．特干硬性混凝土

C．干硬性混凝土　　D．半干硬性混凝土

94．为使混凝土更好地硬化，施工规范中规定，在混凝土浇筑完毕后的 12 h 以内对混凝土加以覆盖和浇水，其浇水养护时间，对硅酸盐水泥、普通水泥或矿渣水泥拌制的混凝土不得少于 7 d，对掺用缓凝型外加剂或有抗渗性要求的混凝土不得少于（　）。

A．7 d　　B．14 d

C. 21 d　　D. 30 d

95. F10 代表混凝土的（　）。

A. 抗渗等级　　B. 抗冻等级

C. 抗侵蚀等级　　D. 抗碳化等级

96. 抗压强度与砂浆强度等级按《建筑砂浆基本性能试验方法》（JGJ 70—90）的规定，砂浆的强度等级是以边长为（　）mm 的 6 个立方体试块，按规定方法成型并标准养护至 28d 后测定的抗压强度平均值来表示。

A. 50.5　　B. 60.6

C. 70.7　　D. 80.8

97. 烧结普通砖的外形为长方体，标准尺寸是长 240 mm，宽 115 mm，厚 53 mm。其中 240 mm×115 mm 的面称为（　）。

A. 大面　　B. 顶面

C. 条面　　D. 立面

98. 烧结多孔砖最常用的 M 形尺寸是（　）。

A. 240 mm×115 mm×53 mm　　B. 240 mm×115 mm×90 mm

C. 190 mm×190 mm×53 mm　　D. 190 mm×190 mm×90 mm

99. 砌块是用于砌筑的人造块状材料，外形多为直角六面体，也有各种异形的。砌块系列中主规格的长度、宽度、高度有一项或一项以上分别大于（　），但高度不大于长度或宽度的 6 倍，长度不超过高度的 3 倍。

A. 365 mm、115 mm、90 mm　　B. 365 mm、240 mm、115 mm

C. 355 mm、240 mm、115 mm　　D. 355 mm、115 mm、90 mm

100. 混凝土小型空心砌块的主规格为 390 mm×190 mm×190 mm，最小外壁厚度不得小于（　），最小肋厚不得小于 25 mm。

A. 15 mm　　B. 20 mm

C. 25 mm　　D. 30 mm

101. 普通混凝土小型空心砌块，目前建筑上常选用的强度等级为 MU3.5、MU5.0、MU7.5、MU10 四种。等级在（　）以上的砌块可用于 5 层砌块建筑的底层和 6 层砌块建筑的 1～2 层。

A. MU3.5　　B. MU5.0

C. MU7.5　　D. MU10

102. 普通混凝土小型空心砌块，目前建筑上常选用的强度等级为 MU3.5、MU5.0、MU7.5、MU10 四种。（　）砌块，只限用于单层建筑。

A. MU3.5　　B. MU5.0

C. MU7.5　　D. MU10

103. 普通混凝土小型空心砌块，目前建筑上常选用的强度等级为 MU3.5、MU5.0、MU7.5、MU10 四种。5 层砌块建筑的 2～5 层和 6 层砌块建筑的 3～6 层都用（　）小砌块建筑，也用于 4 层砌块建筑。

A. MU3.5　　B. MU5.0

C. MU7.5　　D. MU10

104. 以下对加气混凝土砌块的描述中不正确的是（　）。

A. 加气混凝土砌块自重小，可减轻结构质量，还可提高建筑物的抗震能力

B．砌块再加工性能好，可锯、刨、钻、钉等，施工方便，是应用较多的轻质墙体材料之一

C．适用于多层建筑的承重墙、高层建筑的隔墙和高层框架结构的填充墙，也可用于一般工业建筑的围护墙，作为保温隔热材料也可用于复合墙板和屋面结构中

D．该类砌块不得用于处于水中或高湿度和有侵蚀介质的环境中，也不得用于建筑物的基础和温度长期高于 80℃的部位

105．纤维水泥平板按所用的纤维品种分：有（ ）、混合纤维水泥板与无石棉纤维水泥板三类。

A．石棉水泥板 B．普通水泥板

C．轻板 D．低碱度水泥板

106．双层钢网细陶粒混凝土空心隔墙板，60mm 厚标准板圆孔为（ ）。

A．单排 6 孔 B．单排 7 孔

C．单排 9 孔 D．双排 9 孔

107．碳素钢，当其含碳量为 0.1%时，这种钢称为（ ）。

A．低碳钢 B．中碳钢

C．高碳钢 D．超高碳钢

108．合金钢中合金元素用于改善钢的性能或使其获得某些特殊性能。合金钢中合金元素含量为 8%时，属于（ ）。

A．低合金钢 B．中合金钢

C．高合金钢 D．超高合金钢

109．钢按主要质量等级分类，即按钢中有害杂质的多少分类，当含硫量＜0.03%～0.045%，含磷量＜0.035%～0.04%，该钢属于（ ）。

A．普通钢 B．优质钢

C．高级优质钢 D．特级优质钢

110．低碳钢的拉伸过程可分为四个阶段，强化阶段的应力最高点称为（ ）。

A．弹性极限 B．屈服强度

C．抗拉强度 D．伸长率值

111．以下选项中对冷拔工艺的说法中，不正确的是（ ）。

A．每次冷拔断面缩小应在 10%以下

B．钢筋在冷拔过程中，不仅受拉，还受到挤压作用，但冷拔的作用没有纯冷拉作用强烈

C．多次冷拔后的钢筋，表面光洁度高，屈服强度提高 40%～60%

D．冷拔处理过的钢材塑性大大降低，具有硬钢的性质

112．以下对钢材时效的说法不正确的是（ ）。

A．钢材经冷加工后，在常温下存放 15～20 d，屈服强度、抗拉强度及硬度进一步提高，而塑性及韧性继续降低的现象为自然时效

B．钢材经冷加工后，加热至 100～200℃，保温 2 h 左右，屈服强度、抗拉强度及硬度进一步提高，而塑性及韧性继续降低的现象为人工时效

C．钢材的时效是普遍而长期的过程，有些未经冷加工的钢材长期存放后也会出现时效，冷加工只是加速了时效的发展

D．通常强度较高的钢筋宜采用自然时效处理；强度较低的钢筋宜采用人工时效处理

113．材料抗渗性的指标为（ ）。

A. 软化系数　　B. 渗透系数
C. 抗渗指标　　D. 吸水率

114. 下列材料中可用于配制耐热混凝土（900℃）的是（　）。
A. 矿渣水泥　　B. 硅酸盐水泥
C. 普通水泥　　D. 高铝水泥

115. 有抗冻要求的混凝土施工时宜选择的外加剂为（　）。
A. 缓凝剂　　B. 阻锈剂
C. 引气剂　　D. 速凝剂

116. 表示砂浆流动性的指标为（　）。
A. 坍落度　　B. 分层度
C. 沉入度　　D. 维勃稠度

117. 表示干硬性混凝土流动性的指标为（　）。
A. 坍落度　　B. 分层度
C. 沉入度　　D. 维勃稠度

118. 欲增大混凝土拌合物的流动性，下列措施中最有效的为（　）。
A. 适当加大砂率　　B. 加水泥浆（W/C 不变）
C. 加大水泥用量　　D. 加减水剂

119. 对混凝土有利的变形为（　）。
A. 徐变　　B. 干缩
C. 湿涨　　D. 温度变形

120. 地上水塔工程宜选用（　）。
A. 火山灰水泥　　B. 矿渣水泥
C. 普通水泥　　D. 粉煤灰水泥

121. 为减小石灰硬化过程中的收缩，可以（　）。
A. 加大用水量　　B. 减少单位用水量
C. 加入麻刀、纸筋　　D. 加入水泥

122. 具有调节室内湿度功能的材料为（　）。
A. 石膏　　B. 石灰
C. 膨胀水泥　　D. 水玻璃

123. 施工项目管理的任务有（　）。

①施工安全管理；②施工进度控制；③施工成本控制；④施工信息管理；⑤施工质量控制；⑥施工合同管理；⑦与施工有关的组织与协调

A. ①②③⑤　　B. ①②③④⑤
C. ①②③④⑥　　D. ①②③④⑤⑥⑦

124. 以下不属于施工总承包方的管理任务的有（　）。
A. 负责施工材料的质量检验
B. 负责施工资源的供应组织
C. 负责整个工程的施工安全、施工总进度控制、施工质量控制和施工的组织等
D. 负责组织和指挥它自行分包的分包施工单位和业主指定的分包施工单位的施工，并为分包施工

单位提供和创造必要的施工条件

125．项目管理的组织职能包括（　）。

①组织交流；②组织设计；③组织学习；④组织联系；⑤组织运行；⑥组织优化；⑦组织行为；⑧组织调整

A．②④⑤⑦⑧　　B．①②⑤⑥⑦

C．②④⑥⑦⑧　　D．①③④⑥⑦

126．组织论主要研究系统的组织结构模式和组织分工，以及工作流程组织，它是与项目管理学相关的一门非常重要的基础理论学科。组织论的三个重要的组织工具是____结构图、____结构图和____结构图。（　）

A．项目、组织、合同　　B．工程、组织、合同

C．项目、职能、合同　　D．工程、职能、合同

127．矩阵组织结构适用于（　）。

A．小型的组织系统　　B．中型的组织系统

C．大型的组织系统　　D．以上说法都不对

128．下面的组织结构模式属于（　）。

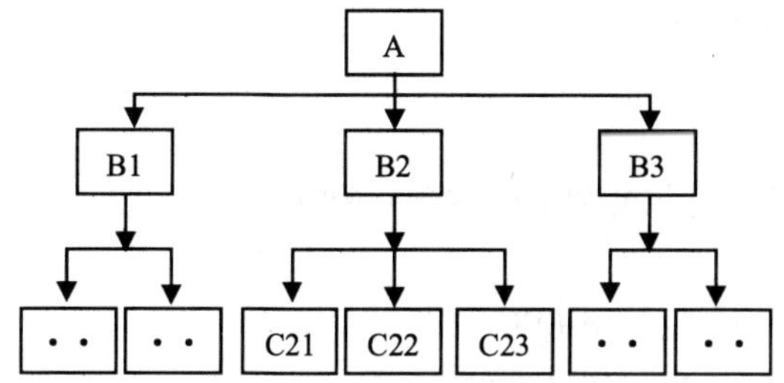

A．职能组织结构　　B．线性组织结构

C．矩阵组织结构　　D．线性职能组织结构

129．（　）反映了一个组织系统中各子系统或各元素的工作任务分工和管理职能分工。

A．组织指令　　B．组织任务

C．组织结构　　D．组织分工

130．施工项目管理组织，是指为进行施工项目管理、实现组织职能而进行组织系统的（　）、组织运行和组织调整三个方面。

A．设计　　B．联系

C．建立　　D．AC

131．大型项目、工期要求紧迫的项目、要求多工种多部门密切配合的项目适用于（　）项目组织类型。

A．工作队式项目组织　　B．矩阵制项目组织

C．事业部制项目组织　　D．部门控制式项目组织

132．以下属于工作队式项目组织模式缺点的是（　）。

①双重领导；②各类人员来自不同部门，具有不同的专业背景，互相不熟悉，难免配合不力；③职工长期离开原单位，即离开了自己熟悉的环境和工作配合对象，容易影响其积极性的发挥；④不利于对计划体系下的组织体制（固定建制）进行调整；⑤不能适应大型项目管理需要；⑥职能部门的优势无法

发挥作用；⑦不利于精简机构；⑧各类人员在同一时期内所担负的管理工作任务可能有很大差别，可能导致人员浪费。

A. ②③④⑥　　B. ①③⑤⑦

C. ②③⑥⑧　　D. ①③④⑦

133. 下面不属于部门控制式项目组织结构的优点的是（　）。

A. 能以尽可能少的人力，实现多个项目管理的高效率

B. 从接受任务到组织运转启动，时间短

C. 职责明确，职能专一，关系简单

D. 项目经理无须专门训练便容易进入状态

134. 兼有部门控制式和工作队式两种组织的优点，并且有利于人才的全面培养的项目组织结构形式是（　）。

A. 工作队式项目组织　　B. 矩阵制项目组织

C. 事业部制项目组织　　D. 部门控制式项目组织

135. 下面对事业部制项目组织描述正确的是（　）。

A. 企业对项目经理部的约束力减弱

B. 需要加大企业的综合协调能力

C. AB

D. AB 都不对

136. 下面对施工项目管理组织机构的作用描述正确的是（　）。

A. 形成责任制和信息沟通体系

B. 组织机构是施工项目管理的组织保证

C. 形成一定的权力系统以便进行集中统一指挥

D. ABC

137. 工程质量是在施工单位按合格质量标准自行检查评定的基础上，由监理工程师（或建设单位项目负责人）组织有关单位、人员进行检验确认验收。这种评价方法体现了“（　）”的指导思想。

A. 验评同步、强化验收、完善手段、过程控制

B. 验评同步、强化验收、完善手段、结果控制

C. 验评分离、强化验收、完善手段、过程控制

D. 验评分离、强化验收、完善手段、结果控制

138.（　）循环是人们在管理实践中形成的基本理论方法，这个循环工作原理是美国的戴明发明的，故又称“戴明循环”。

A. PDCA　　B. PADC

C. PDAC　　D. PACD

139. PDCA 循环中的“检查”具体包括作业者的自检、（　）和专职管理者专检。

A. 抽检　　B. 互检

C. 随机检查　　D. 全面检查

140. PDCA 循环中的“检查”主要包含两大方面：一是检查是否严格执行了计划行动方案；二是检查（　）。

A. 实际条件是否发生了变化　　B. 不执行计划的原因

C．计划执行的结果　　D．ABC 都不对

141.（　）是整理好工程技术控制资料的灵魂。

A．及时性　　B．真实性

C．准确性　　D．完整性

142.（　）是做好工程技术控制资料的核心。

A．及时性　　B．真实性

C．准确性　　D．完整性

143.（　）是做好工程技术控制资料的基础。

A．及时性　　B．真实性

C．准确性　　D．完整性

144．非标准表格的施工资料，质量证明文件应在资料（　）的适当位置按原则进行资料编号。

A．左上角　　B．左下角

C．右上角　　D．右下角

145．危险性较大的分部分项工程，施工单位应组织不少于（　）人的专家组，对专项施工方案进行论证审查。

A．3　　B．5

C．8　　D．10

146．施工质量控制的过程，包括施工准备质量控制、施工过程质量控制和（　）。

A．施工竣工质量控制　　B．施工验收质量控制

C．施工结算质量控制　　D．施工反馈质量控制

147．工程施工前，由设计单位向施工单位有关人员进行设计交底，其主要内容包括：地形、地貌、水文气象、工程地质及水文地质等自然条件；施工注意事项；设计意图；（　）。

A．施工图设计　　B．设计单位资料

C．施工图设计依据　　D．施工安全责任

148．图纸审核是设计单位和施工单位进行质量控制的重要手段。以下不属于图纸审核的主要内容的是（　）。

A．图纸与说明是否齐全

B．对设计者的资质进行认定

C．设计是否满足抗震、防火、环境卫生等要求

D．对采购物资的样品、说明书或检验、试验结果进行评定

149．检查施工图及说明书中涉及的各种标准、图册、规范、规程等，施工单位是否具备。此项任务是在（　）中完成的。

A．设计交底　　B．图纸审核

C．技术交底　　D．测量复核

150．对于重要物资、大批量物资、新型材料以及对工程最终质量有重要影响的物资，可由（　）对可供选用的供方进行逐个评价，并确定合格供方名单。

A．企业主管部门　　B．工程监理部

C．当地质检部门　　D．ABC 都不对

151．对各种分包服务选用的控制应根据其规模、对它控制的复杂程度区别对待。一般通过分包合

同，对分包服务进行动态控制。评价及选择分包方考虑的原则不包括（ ）。

A. 与本组织有过成功合作的业绩、信誉

B. 有合法的资质，外地单位经本地主管部门核准

C. 对采购物资的样品、说明书或检验、试验结果进行评定

D. 分包方质量管理体系对按要求如期提供稳定质量的产品的保证能力

152. 按照工程重要程度，单位工程开工前，应由企业或项目技术负责人组织全面的（ ）。

A. 设计交底　　B. 图纸审核

C. 技术交底　　D. 测量复核

153. 技术交底的形式除书面外，还可采用（ ）等。

A. 口头　　B. 示范操作

C. 样板　　D. ABC

154. 通过（ ）明确施工中对轴线、尺寸、标高、预留孔洞、预埋件、材料规格及配合比等要求。

A. 技术交底　　B. 图纸审核

C. 设计交底　　D. 测量复核

155. 民用建筑的测量复核不包括（ ）。

A. 皮数杆检测　　B. 楼层轴线检测

C. 柱基施工测量　　D. 基础施工测量复核

156. 楼层轴线检测：在多层建筑墙身砌筑过程中，为保证建筑物轴线位置正确，在每层楼板中心线均测设长线____条，短线____条。（ ）

A. 2～3、1～2　　B. 1～2、2～3

C. 2～3、2～3　　D. 1～2、1～2

157. 实测法就是通过实测数据与施工规范及质量标准所规定的允许偏差对照，来判别质量是否合格。实测检查法的手段，也可归纳为（ ）、吊、量、套4个字。

A. 靠　　B. 测

C. 拉　　D. 贴

158. 抽样检验必然存在两类风险，其中一类是____风险，是指____。（ ）

A. 生产方风险、合格批被拒收的概率

B. 生产方风险、不合格批被误收的概率

C. 使用方风险、合格批被拒收的概率

D. 使用方风险、不合格批被误收的概率

159. 检验批是工程验收的（ ），是分项工程乃至整个建筑工程质量验收的基础。

A. 常规单位　　B. 最小单位

C. 中等单位　　D. 最大单位

160. 检验批质量合格的条件，包括两个方面：资料完整和（ ）。

A. 主控项目符合规定要求

B. 一般项目符合规定要求

C. 主控项目和一般项目符合规定要求

D. 主控项目符合规定要求，一般项目不作规定

161. 检验批和分项工程是建筑工程质量的基础，验收前，施工单位先填好“检验批和分项工程的

质量验收记录”，并由（　）在检验批和分项工程质量检验记录中相关栏目签字，然后由监理工程师组织，严格按规定程序进行验收。

A. 项目专业质量检验员

B. 项目专业技术负责人

C. 项目专业质量检验员和项目专业技术负责人

D. 都不对

162. 单位工程质量验收合格后，建设单位应在规定时间内将工程竣工验收报告和有关文件，报（　）备案。

A. 业主单位　　B. 承包单位

C. 监理单位　　D. 建设行政管理部门

163. 政府对施工项目结构主要部位（如桩基、基础、主体结构）除了常规检查外，在分部工程验收时进行监督，即建设单位将施工、设计、监理、建设方分别签字的质量验收证明在验收后（　）天内报监督机构备案。

A. 2　　B. 3

C. 5　　D. 7

164. 竣工验收前，政府要复查对质量监督检查中提出质量问题的整改情况。参与竣工验收会议，并对验收过程进行监督。编制单位工程质量监督报告，在竣工验收之日起（　）天内提交竣工验收备案部门。

A. 2　　B. 3

C. 5　　D. 7

165. 建筑工程所使用的涉及（　）的各种主要物资必须有质量证明文件。

A. 工程质量　　B. 人身健康和安全

C. 使用功能　　D. ABC

166. 分项工程所包含的检验批全部完工并验收合格后，应由（　）填写分项工程质量验收记录表。

A. 总监理工程师　　B. 专业监理工程师

C. 现场施工人员　　D. 施工单位技术负责人

167. 分部（子分部）工程所包含的全部分项工程完工并验收合格后，应由施工单位技术负责人填写分部（子分部）工程质量验收记录表，报请项目（　）组织有关人员验收确认。

A. 总监理工程师　　B. 专业监理工程师

C. 现场施工人员　　D. 施工单位技术负责人

168. 建设单位应在工程竣工验收通过后（　）个月内将纸质工程档案、工程电子档案、竣工图案卷向城建档案馆移交，如需延期，应及时向城建档案管理部门提交申请。

A. 3　　B. 6

C. 9　　D. 12

169. 工程质量问题具有复杂性、严重性、可变性和（　）的特点。

A. 隐蔽性　　B. 不确定性

C. 多发性　　D. 不可预见性

170. 将事故分为一般事故和重大事故，是按（　）划分。

A. 事故造成的后果　　B. 事故责任

C．质量事故产生的原因　　D．事故的性质及严重程度

171．S 形曲线比较法是先以横坐标表示____，纵坐标表示____，绘制出一条按计划时间累计完成任务量的 S 形曲线，然后将工程项目的各检查时间实际完成的任务量也绘制在 S 型曲线上，进行实际进度与计划进度比较的一种方法。（ ）

A．计划时间、完成任务量

B．计划时间、累计完成任务量

C．进度时间、完成任务量

D．进度时间、累计完成任务量

172．将两条 S 形曲线绘制在一张图上，可以进行工程项目实际进度与计划进度的比较。实际进度点落在计划 S 形曲线____，表示此时实际进度比计划进度____；若刚好落在其上，则表示二者一致；若落在其____，则表示____。（ ）

A．左侧　超前　右侧　拖后　　B．上侧　拖后　下侧　超前

C．左侧　拖后　右侧　超前　　D．都不对

173．下图是（ ）。

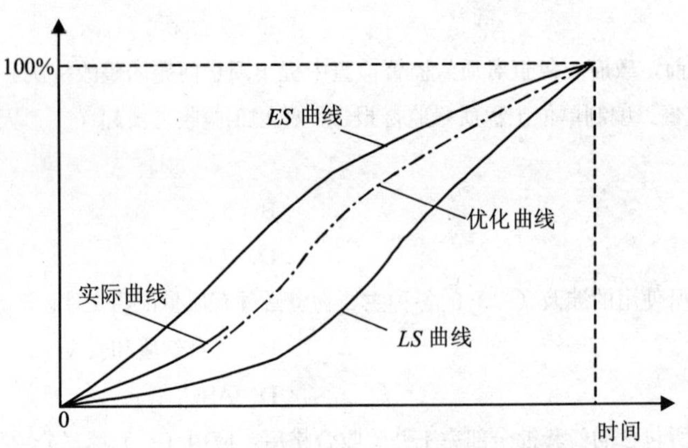

A．横道图　　B．S 形曲线图

C．“香蕉”形曲线图　　D．前锋线图

174．施工项目成本概括起来可以表述为：施工项目成本是指建筑企业以施工项目作为成本核算对象的施工过程中所消耗的（ ）和劳动者的必要劳动所创造的价值的货币形式。

A．生产资料价值　　B．生产资料转移价值

C．生产资料市场价值　　D．生产资料剩余价值

175．挖土的测量放线：挖土过程中配合水准测量，用木楔或竹签在基槽侧壁上钉出距槽底（ ）的控制标高点，用于清槽找平等的控制。

A．30cm　　B．50cm

C．80cm　　D．100cm

176．砖混结构施工的测量放线：安装楼板时，用钢卷尺从 50cm 的水平线上返到板底平或圈梁底平下（ ）的一条水平线，按线控制墙顶平面抹找平层，使楼板的安装平整。

A．20cm　　B．15cm

C．10cm　　D．5cm

177．按施工需要，合理安排机械施工，提高机械利用率，减少机械费成本。这属于（ ）的成本

管理责任。

A．施工人员　　B．材料员

C．机械管理员　　D．行政管理人员

178．根据施工生产的需要和项目经理的意图，合理安排项目管理人员和后勤服务人员，节约工资性支出。这属于（　）的成本管理责任。

A．施工人员　　B．材料员

C．机械管理员　　D．行政管理人员

179．由于建筑施工的特点，施工现场经常会有一些零星任务出现，需要作业队去完成。而这些零星任务，都是事先无法预见的，只能在劳务合同规定的定额用工以外另行估工或点工，这就会增加相应的劳务费用支出。为了控制估点工的数量和费用，可以采取一些方法，一般以（　）为主。

A．按定额用工的一定比例（5%～10%）由作业队包干，并在劳务合同中明确规定

B．对工作量比较大的任务工作，通过领导、技术人员和生产骨干“三结合”讨论确定估工定额，使估点工的数量控制在估工定额的范围以内

C．AB

D．AB 都不对

180．砖混结构施工的测量放线：楼板安装完毕，进行二层楼面的测量放线工作时，采用选取中间某条轴线为基准向上传递，在楼面上把（　）方向传递的点连成线，形成楼面一对直角坐标，在楼面上以它放出其他轴线。

A．互相垂直　　B．互相平行

C．成 45°角　　D．成 60°角

181．工序监测和计量服务费属于质量成本中的（　）下设置的内容。

A．预防成本　　B．鉴定成本

C．内部故障成本　　D．外部故障成本

182．返修损失，属于质量成本中的（　）下设置的内容。

A．预防成本　　B．鉴定成本

C．内部故障成本　　D．外部故障成本

183．保修费属于质量成本中的（　）下设置的内容。

A．预防成本　　B．鉴定成本

C．内部故障成本　　D．外部故障成本

184．质量技术宣传费属于质量成本中的（　）下设置的内容。

A．预防成本　　B．鉴定成本

C．内部故障成本　　D．外部故障成本

185．项目经济核算的“三同步”，就是（　）、业务核算、会计核算的“三同步”。

A．施工核算　　B．统计核算

C．成本核算　　D．质量核算

186．施工项目成本大体由以下几种成本构成：人工费、材料费、机械使用费、措施费、（　）和分包工程成本。

A．施工直接费　　B．施工间接费

C．规费　　D．税费

187. 分类控制的重点应首推（ ），因为其所占成本的比重大，最有潜力。

A. 人工费 B. 材料费

C. 机械使用费 D. 措施费

188. 措施费的控制应在（ ）上下工夫。

A. 合同环节 B. 施工方案的设计

C. 施工平面图设计 D. 机械的利用率和完好率

189. 建筑安装工程费由直接费、（ ）、利润、税金4个部分组成。

A. 间接费 B. 措施费

C. 规费 D. 企业管理费

190. 各分部分项工程，关键工序，专项方案实施前，（ ）将安全技术措施向参加施工的施工管理人员进行交底。

A. 只能由项目技术负责人

B. 只能由安全员

C. 只能由项目施工人员

D. 项目技术负责人、安全员应会同项目施工人员

三、多选题（以下各题的备选答案中有两个或两个以上最符合题意，请将它们选出，多选、少选及错选均不得分）

1. 根据我国《劳动法》和《劳动争议处理条例》的规定，劳动争议的主体包括（ ）。

A. 公务员 B. 专业技术人员

C. 工人及外籍员工 D. 企业管理人员

2. 劳动争议客体，即劳动争议主体权利义务所指向的对象，以下不属于劳动争议客体的是（ ）。

A. 劳动行为 B. 工资

C. 解除劳动合同的通知 D. 福利待遇

3. 从劳动争议的具体内容上划分，劳动争议可以分为（ ）。

A. 因执行、变更、解除和终止劳动合同而引起的争议

B. 因劳动报酬、津贴等引起的争议

C. 因执行劳动安全卫生标准引起的争议

D. 因确定或者变更劳动者的权利与义务而发生的劳动争议

4. 属于我国现行劳动争议的特点的是（ ）。

A. 集体劳动合同争议增多

B. 私营企业、民营企业劳动争议增多

C. 因劳动报酬、保险待遇的劳动争议增多

D. 事实劳动关系主体之间的劳动争议增加

5. 以下属于我国现行劳动争议处理的基本原则的是（ ）。

A. 调解原则 B. 诉讼原则

C. 合法、公正、及时原则 D. 适用法律一律平等原则

6. 根据《劳动法》的规定，劳动争议有（ ）等处理形式。

A. 和解 B. 调解

C. 仲裁　　D. 诉讼

7. 以下属于我国现行劳动争议处理体制的特征说法正确的有（　）。

A. 劳动争议仲裁是诉讼的

B. 劳动争议仲裁申诉时效和诉讼时效均是 30d

C. 劳动争议仲裁裁决不是最终裁决

D. 劳动争议仲裁机构由行政部门主管

8. 以下对集体合同的说法正确的有（　）。

A. 集体合同是用人单位与本单位的工会组织就劳动报酬、工作时间、休息休假、劳动安全卫生、保险福利等事项，经协商谈判签订的书面协议

B. 集体合同能够成为处理劳动争议，特别集体劳动争议的法律依据

C. 集体合同的内容要合法，集体合同的劳动条件不能低于法律、法规所确定的劳动标准

D. 集体合同与劳动合同有很大的区别，一经合法签订，就具有法律效力，且效力低于合同

9. 以下对于用人单位规章制度说法正确的有（　）。

A. 用人单位规章制度也称“厂规厂纪”，是用人单位根据国家法律、法规的规定，结合本单位的实际情况制定的，适用于本单位全体职工的行为规范

B. 用人单位制定的规章制度，是将国家法律、法规中关于职工的权利义务具体适用于本单位的表现，目的在于进行有效而具体的管理，提高工作和生产效率，遵守单位的规章制度则是每一个职工必须履行的义务

C. 用人单位规章制度是否经过合法程序予以通过，即是否经过本单位职工代表大会或职工大会的审议通过，并报上级主管部门备案

D. 如果规章制度或内容违反合法程序或未经合法程序，均属违法的规章制度，当然不能作为处理争议的依据

10. 与司法机关适用其他法律规范相比，劳动争议处理的法律适用虽有共同点，但又有其自身的特点。以下说法正确的是（　）。

A. 劳动争议处理法律适用主体特定

B. 劳动争议处理法律适用对象特定

C. 劳动争议处理法律适用内容特定

D. 劳动争议处理法律适用程序多元化

11. 劳动争议处理法律适用原则，是指劳动争议处理机关在依据法律处理争议时应遵循的指导思想和总的基本要求。劳动争议处理机关只有符合这些要求，才能保证正确处理劳动争议。劳动争议处理法律适用的原则有（　）。

A. 合法原则　　B. 准确原则

C. 及时原则　　D. 公平原则

12. 以下对法律冲突选择适用规则说法中正确的是（　）。

A. 法律冲突选择适用规则，是指劳动争议处理机关在处理劳动争议案件时，法律规范冲突的情况下，为解决适用何种规范问题而采取的方法和所遵守的规则

B. 当不同效力层次的规范发生冲突时，适用高层次的法律规范

C. 当同级效力层次的规范发生冲突时，新法律优于旧法律

D. 当地方劳动行政部门发现劳动和社会保障部的规章与国务院其他部门的规章或地方政府规章发生

矛盾时，可将情况报告给劳动和社会保障部门，由劳动和社会保障部门报国务院法制局进行协调和决定

13. 根据《企业劳动争议处理条例》第 2 条的规定，劳动争议处理机构受理以下争议：（ ）。

A. 因企业开除、除名、辞退职工和职工辞职、自动离职发生的争议

B. 因用人单位录用职工等情况下非法收费发生的争议

C. 因执行国家有关工资、保险、福利、培训、劳动保护的规定发生的争议

D. 法律、法规规定的应当依照《企业劳动争议处理条例》处理的其他劳动争议

14. 劳动争议协商作为我国处理劳动争议的一种方式，以下属于劳动争议协商的特征的有（ ）。

A. 自愿性　　B. 灵活性

C. 公平性　　D. 可选择性

15. 以下对于劳动争议协商的作用和意义说法正确的是（ ）。

A. 有利于减少因争议处理带来的损失

B. 有利于在友好的气氛中消除矛盾，维护稳定协调的劳动关系

C. 有利于减轻劳动争议仲裁组织和人民法院的压力

D. 符合劳动力弱势地位保护的客观实际

16. 工会在劳动争议协商处理中起着极为重要的作用。1995 年 8 月 17 日全国总工会颁布的《工会参与劳动争议处理试行办法》第二章对工会参与劳动争议协商作出了具体的规定。以下对工会职责说法正确的是（ ）。

A. 劳动争议协商是指劳动争议双方当事人就协调劳动关系、解决劳动争议进行商谈的行为。工会在劳动争议协商处理中起着极为重要的作用

B. 劳动争议双方当事人不愿协商或协商不成的，工会可以告知当事人依法诉讼

C. 发生劳动争议，工会可以接受职工及用人单位请求参与协商，促进争议解决

D. 劳动争议双方当事人经协商达成协议的，工会应当督促其自觉履行

17. 《劳动法》第 80 条规定：“在用人单位内，可以设立劳动争议调解委员会。劳动争议调解委员会由（ ）组成。”

A. 法院代表　　B. 用人单位代表

C. 职工代表　　D. 工会代表

18. 企业设立劳动争议调解委员会的有利之处在于（ ）。

A. 调解程序简便，有利于劳动争议的及时处理

B. 争议环境熟悉，有利于争议的合理解决

C. 调解方式和缓，有利于争议双方当事人继续维持正常的劳动关系

D. 通过企业内部劳动争议的调解，有利于增强职工的法制观念

19. 根据《企业劳动争议调解委员会组织及工作规则》的规定，调解委员会依法调解下列劳动争议（ ）。

A. 因履行劳动合同发生的争议

B. 法律、法规规定的应当调解的其他劳动争议

C. 因企业开除、除名、辞退职工和职工辞职、自动离职发生的争议

D. 因执行国家有关工资、社会保险、福利、培训、劳动保护的规定发生的争议

20. 目前我国劳动争议诉讼适用民事诉讼程序，但和民事诉讼仍有重大的区别。主要表现在（ ）。

A. 结案方式有所不同　　B. 举证责任有所不同

C．提起诉讼的前提条件不同　　D．涉诉案件的性质及内容不同

21．由于我国目前尚无专门的劳动争议诉讼法，劳动争议案件起诉到人民法院后，人民法院适用民事诉讼法审理劳动争议案件，因此，劳动争议诉讼活动同样也要遵循民事诉讼法的基本原则，包括（　）。

A．独立仲裁原则　　B．处分原则

C．合议原则　　D．辩论原则

22．处分原则中，劳动争议当事人有权处分自己的诉讼权利。这主要表现在（　）。

A．劳动争议诉讼程序能否启动，取决于劳动争议当事人是否在收到劳动争议仲裁裁决书之后于法定期内行使起诉权

B．诉讼程序启动后，原告有权申请撤诉，放弃请求司法保护的诉讼权利；被告也有是否行使反诉的诉讼权利

C．第一审法院作出裁判后，当事人双方有权决定是否提起上诉

D．对已经生效的法院裁判或调解书，当事人认为确有错误的，有权决定是否申请再审

23．劳动争议审判的基本制度，是指人民法院审判劳动争议案件所必须遵循的基本操作规程。它包括（　）。

A．合议制度　　B．回避制度

C．公开审判制度　　D．两审终审制度

24．在回避制度中，应当回避的人员，首先适用于审判人员，还适用于（　）。

A．陪审员　　B．书记员

C．鉴定人　　D．勘验人

25．根据公开审判制度，人民法院审理劳动争议案件，下列特别情况（　）外，一律公开进行。

A．涉及国家机密的劳动争议案件

B．涉及个人隐私的劳动争议案件

C．涉及商业秘密的劳动争议案件，当事人申请不公开审理的

D．法律另有规定的其他劳动争议案件

26．施工组织设计（方案）分级编制的具体内容。编制和审批的时限、权限等具体规定有（　）。

A．施工组织设计（方案）必须有针对工程危险源而编制的安全技术措施

B．安全技术措施要针对工程特点、施工工艺、作业条件以及施工人员的素质等情况进行制定

C．对工程中各种危险源制定出具体的防护措施和作业安全注意事项

D．组织设计、（方案）审核和审批人应有明确意见并签名，职能部门盖章

27．施工生产安全管理程序为（　）

A．确定施工安全目标

B．编制项目安全保证计划和生产安全事故防范措施和应急救援预案

C．项目安全计划实施

D．项目安全保证计划验证和持续改进

28．建筑施工图的内容包括（　）。

A．设计说明　　B．总平面图

C．建筑平面图　　D．建筑立面图

29．总平面图的内容包括（　）。

A．图名、比例及有关文字说明

B. 新建工程的性质和总体布局

C. 新建房屋的定位尺寸

D. 新建房屋底层室内地面和室外地面的标高

30. 建筑平面图表示房屋的平面形状，内部布置及朝向，是（　）的重要依据。

A. 施工放线　　B. 砌墙

C. 安装门窗　　D. 室内装修及编制预算

31. 建筑平面图的主要内容包括（　）。

A. 建筑物平面的形状及总长、总宽等尺寸

B. 建筑物内部各房间的名称、尺寸、大小、承重墙和柱的定位轴线、墙的厚度、门窗的宽度等，以及走廊、楼梯（电梯）、出入口的位置

C. 各层地面的标高

D. 门、窗的编号、位置、数量及尺寸，一般图纸上还有门窗数量表用以配合说明

32. 建筑立面图的内容包括（　）。

A. 表明建筑物的立面形式和外貌，外墙面装饰做法和分格

B. 表示室外台阶、花池、勒脚、窗台、雨篷、阳台、檐沟、屋顶以及雨水管等部位的立面形状及材料做法

C. 反映立面上门窗的布置、外形及开启方向（应用图例表示）

D. 用标高及竖向尺寸表示建筑物的总高以及各部位的高度

33. 立面图的阅读方法包括（　）。

A. 从图名或轴线的编号可知该图为房屋南向立面图，比例与平面图一致（1∶100），以便对照阅读

B. 看房屋立面的外形、门窗、檐口、阳台、台阶等形状及位置

C. 看立面图中的标高尺寸，这主要包括室内外地坪、檐口、屋脊、女儿墙、雨篷、门窗、台阶等处的标高

D. 看房屋外墙表面装修的做法、分格线以及详图索引标志等

34. 楼梯详图一般分建筑详图和结构详图，分开绘制并分别编入（　）。

A. 建筑施工图　　B. 结构施工图

C. 建筑平面图　　D. 总平面图

35. 楼梯建筑详图包括（　）详图。

A. 楼梯平面图　　B. 楼梯剖面图一级栏杆（或栏板）

C. 扶手　　D. 踏步

36. 结构设计总说明的主要内容包括（　）。

A. 设计的主要依据（如设计规范、勘察报告等）

B. 结构安全等级和设计使用年限、混凝土结构所处的环境类别

C. 建筑抗震设防类别、建设场地抗震设防烈度、场地类别、设计基本地震加速度值、所属的设计地震分组一级混凝土结构的抗震等级

D. 基本风压值和地面粗糙度类别

37. 结构施工图一般包括（　）。

A. 结构设计图纸目录　　B. 结构设计总说明

C. 结构平面图和构件详图　　D. 建筑平面图

38．钢筋混凝土构件图是加工制作钢筋、浇筑混凝土的依据，其内容包括（ ）。

A．模板图　　B．配筋图

C．钢筋表　　D．文字说明

39．在基础平面布置中包括以下哪些内容？（ ）

A．反映基础的定位轴线及编号，且与建筑平面图要相一致

B．定位轴线的尺寸，基础的形状尺寸和定位尺寸

C．基础墙、柱、垫层的边线以及与轴线间的关系

D．用文字说明图样不能表达的内容，如地基承载力、材料标号及施工要求等

40．基础详图包括（ ）。

A．表明基础的详细尺寸，如基础墙的厚度、基础底面宽度和它们与轴线的位置关系

B．表明室内外、基底、管沟底的标高，基础的埋置深度

C．表明防潮层的位置和勒脚、管沟的做法

D．基础截面图的剖切位置线及其编号

41．给水排水平面图的内容包括（ ）。

A．各用水设备的类型及平面位置

B．各干管、立管、支管的平面位置，立管编号和管道的敷设方式

C．管道附件，如阀门、消火栓、清扫口的位置

D．给水引入管和污水排出管的平面位置

42．给水排水轴测图内容包括（ ）。

A．给水引入管、污水排出管、干管、立管、支管的空间位置和走向

B．各种配件如阀门、水表、水龙头、地漏、清扫口等在管路上的位置和连接情况

C．各段管道的管径和标高等

D．给水引入管和污水排出管的平面位置、编号以及与室外给水排水管网的联系

43．电气施工图的组成包括（ ）。

A．图纸目录及设计说明　　B．电气系统图

C．电气平面图　　D．电气安装大样图

44．电气系统图也称原理图或流程图，其内容包括（ ）。

A．整个配电系统的连结方式

B．从主干线至各分支回路的路数

C．主要变、配电设备的名称、型号、规格及数量

D．主干线路及主要分支线路的敷设方式、型号、规格。水排出管的平面位置、编号以及与室外给水排水管网的联系

45．建筑材料，按材料的作用分，可以分为（ ）。

A．结构材料　　B．墙体材料

C．屋面材料　　D．装饰材料

46．材料的密度是指材料在绝对密实状态下单位体积的质量，可用下式计算：$\rho=m/V$，对该公式的描述以下说法正确的有（ ）。

A．m 指材料的质量

B．m 指材料在干燥状态下的质量

C. V指材料在绝对密实状态下的体积

D. V指材料在自然状态下的体积

47. 在材料、水和空气三相的交点处，沿水滴表面所引的切线与材料表面所成的夹角（称为润湿角）。以下说法正确的有（　）。

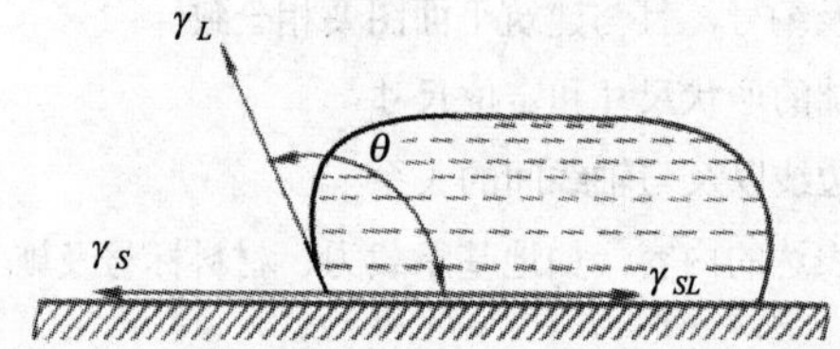

A. θ角愈大，润湿性愈好

B. 若θ角为零，则表示材料完全被水所润湿

C. 一般认为，当润湿角$\theta<90°$，这种材料称为憎水性材料

D. 如果材料分子与水分子间的相互作用力小于水分子本身之间的作用力，那么表示材料表面不能被水所润湿，这种材料称为憎水性材料

48. 以下属于亲水性材料的有（　）。

A. 砖　　B. 混凝土

C. 木材　　D. 石蜡

49. 以下对材料的导热系数的说法正确的有（　）。

A. 密实性大的材料，导热系数亦大

B. 相同组成时，晶态比非晶态材料的导热系数大些

C. 材料在高温下的导热系数比常温下大些

D. 在孔隙率相同时，具有微细孔或封闭孔构造的材料，其导热系数偏小

50. 硅酸盐水泥、普通水泥，凡（　）中任何一项不符合标准规定均为不合格品。

A. 细度　　B. 烧失量

C. 不溶物　　D. 终凝时间

51. 矿渣水泥、火山灰水泥、粉煤灰水泥，凡（　）中任何一项不符合标准规定均为不合格品。

A. 细度　　B. 烧失量

C. 不溶物　　D. 终凝时间

52. 混凝土按用途分，可以分为：结构混凝土、防水混凝土、（　）等。

A. 装饰混凝土　　B. 耐热混凝土

C. 预拌混凝土　　D. 泵送混凝土

53. 混凝土的耐久性主要包括：抗渗性、（　）等。

A. 抗侵蚀性　　B. 抗碳化性

C. 抗冻性　　D. 碱—骨料作用

54. 以下可以改善新拌混凝土和易性的外加剂是（　）。

A. 减水剂　　B. 加气剂

C. 引气剂　　D. 消泡剂

55. 以下可以调节混凝土凝结硬化速度的外加剂是（　）。

A. 早强剂　　B. 速凝剂

C．引气剂　　D．缓凝剂

56．以下可以调节混凝土中空气含量的外加剂是（　）。

A．减水剂　　B．加气剂

C．引气剂　　D．消泡剂

57．以下可以改善混凝土物理力学性能的外加剂是（　）。

A．膨胀剂　　B．抗冻剂

C．引气剂　　D．防水剂

58．以下说法中正确的有（　）。

A．干表观密度不大于 1 950kg/m^3 的混凝土称为轻骨料混凝土

B．保温结构轻骨料混凝土ρ_0=800～1 400 kg/m^3 主要用于既承重又保温的围护结构

C．结构轻骨料混凝土ρ_0=1 400～1 900 kg/m^3 主要用于保温的围护结构、热工构筑物等

D．保温轻骨料混凝土ρ_0＜800 kg/m^3 主要用于承重构件或构筑物

59．混凝土强度评定的说法正确的是（　）。

A．每组三个试件应在同一盘混凝土中取样制作

B．取三个试件强度的算术平均值作为每组试件的强度代表值

C．当一组试件中强度的最大值或最小值与中间值之差超过中间值的 15%时，取中间值作为该组试件的强度代表值

D．当一组试件中强度的最大值和最小值与中间值之差均超过中间值的 15%时，取最人最小值的中间值作为该组试件的强度代表值

60．钢的品种繁多，为了便于掌握和选用，常对钢从不同角度进行分类：按化学成分分类，可以分为（　）。

A．碳素钢　　B．低碳钢

C．高碳钢　　D．合金钢

61．钢材按用途分类，可以分为（　）。

A．建筑钢　　B．工具钢

C．结构钢　　D．特殊钢

62.（　）是建筑钢材的重要工艺性能。

A．冷拔　　B．冷弯

C．冷脆性　　D．焊接性能

63.以下对碳素结构钢的说法正确的是（　）。

A．碳素结构钢的牌号有 Q195、Q215、Q235、Q255 和 Q275 等

B．碳素结构钢指一般结构钢和工程用热轧板、管、型、棒材等

C．钢材随钢号的增大，含碳量增加，强度和硬度相应提高，而塑性和韧性则降低

D．建筑工程中应用最广泛的是 Q235 号钢，属低碳钢，具有较高的强度，良好的塑性、韧性及可焊性，综合性能好

64．目前混凝土结构用钢筋主要有（　）。

A．热轧钢筋　　B．钢绞线

C．热处理钢筋　　D．预应力混凝土用消除应力钢丝

65．热处理是将钢材按一定规则加热保温和冷却，以获得需要性能的一种工艺过程。热处理的方法

有（　）。

A. 退火　　B. 正火

C. 淬火　　D. 回火

66. 预应力钢绞线，采用 3 根钢丝捻制的钢绞线（表示为 1×3）、采用 7 根钢丝捻制的钢绞线（表示为 1×7）。按应力松弛能力分为（　）。

A. Ⅰ级松弛　　B. Ⅱ级松弛

C. Ⅲ级松弛　　D. Ⅳ级松弛

67. 项目的主要特征有（　）。

A. 周期性　　B. 单件性

C. 目标的明确性　　D. 作为管理对象的整体性

68. 项目的主要特征有项目目标的明确性，其中的项目目标包括（　）。

A. 成果性目标　　B. 约束性目标

C. 经济性目标　　D. 周期性目标

69. 施工项目的主要特征有（　）。

A. 该任务范围是由工程承包合同界定的

B. 该任务范围是由承发包双方口头协商界定的

C. 它作为一个管理整体，是以建筑开发企业为管理主体的

D. 它作为一个管理整体，是以建筑施工企业为管理主体的

70. 项目目标界定了项目管理的主要内容是（　）。

A. 三控制　　B. 三管理

C. 两管理　　D. 一协调

71. 施工方项目管理的目标应符合合同的要求，它包括（　）。

A. 施工的成本目标　　B. 施工的安全管理目标

C. 施工的进度目标　　D. 施工的质量目标

72. 常用的组织结构模式包括（　）等。

A. 职能组织结构　　B. 线性组织结构

C. 矩阵组织结构　　D. 线性职能组织结构

73. 项目结构分解并没有统一的模式，但应结合项目的特点并参考（　）原则进行。

A. 考虑项目的组成

B. 结合项目管理的组织结构

C. 有利于项目目标的控制

D. 有利于项目实施任务（设计、施工和物资采购）的发包和有利于项目实施任务的进行，并结合合同结构

74. 投资项编码（业主方）/成本项编码（施工方）服务于（　）。

A. 成本控制工作　　B. 投资控制工作

C. 进度控制工作　　D. 项目组织管理工作

75. 通常施工项目的组织形式有（　）几种。

A. 工作队式项目组织　　B. 矩阵制项目组织

C. 事业部制项目组织　　D. 部门控制式项目组织

76．下面属于事业部制项目组织的优点的是（　）。

A．便于开拓企业的业务领域

B．有利于延伸企业的经营职能

C．有利于扩大企业的经营业务

D．有利于迅速适应环境变化以加强项目管理

77．对时标网络计划中关键线路和时间参数分析方法正确的是（　）。

A．自终节点到始节点观察，凡是出现波形线最多的通路，即为关键线路

B．工作自由时差是其波形线在水平坐标轴上投影长度

C．每条箭尾中心所对应的时刻代表最早开始时间

D．终节点与始节点所在位置的时间差值为计算工期

78．施工项目进度控制的主要方法有（　）。

A．行政方法　　B．经济方法

C．管理方法　　D．管理技术方法

79．确定施工进度控制目标的主要因素有（　）。

A．工期定额

B．类似工程项目的实际进度

C．工程建设总进度目标对施工工期的要求

D．工程难易程度和工程条件的落实情况

80．在施工进程中，应经常地、定期地跟踪监测施工实际进度情况，并切实做好监督工作。监测的时间与施工项目的类型、规模、施工条件和对进度执行要求程度有关，通常分两类（　）。

A．常规监测　　B．抽查监测

C．日常监测　　D．定期监测

81．进度控制中，将收集的资料整理和统计成与计划进度具有可比性的数据后，用实际进度与计划进度的比较方法进行比较分析。通常采用的比较方法有（　）。

A．横道图比较法　　B．S 形曲线比较法

C．“香蕉”形曲线比较法　　D．前锋线比较法等

82．在用横道图分析施工进度的时候，根据工程项目实施中各项工作的速度不一定相同，以及进度控制要求和提供的进度信息不同，可以采用（　）。

A．匀速进展横道图比较法

B．加速进展横道图比较法

C．双比例单侧横道图比较法

D．双比例双侧横道图比较法

83．适用于工作进度为变速进展情况，工作实际进度与计划进度比较的方法是（　）。

A．匀速进展横道图比较法

B．加速进展横道图比较法

C．双比例单侧横道图比较法

D．双比例双侧横道图比较法

84．横道图的使用的局限性有（　）。因此，横道图作为进度控制的工具，在某种程度上受到了一定的限制。

A．形象直观，作图简单，容易理解

B．当工作内容划分较多时，进度计划的编制显得比较麻烦

C．各工作之间的逻辑关系不能明确表达，因而不便于抓主要矛盾

D．当某项工作的时间发生变化时，难以借此对后续工作以及整个进度计划的影响进行预测

85．进度计划需要调整时，在对实施进度计划分析基础上，确定调整原计划方法主要有（ ）。

A．改变某些工作的逻辑关系

B．改变某些工作的持续时间

C．改变某些工作的开始时间

D．改变某些工作的结束时间

86．研究施工项目成本对建筑企业的主要作用有（ ）。

A．项目成本是制定活劳动价格的重要依据

B．项目的成本投入是企业日后补偿资源消耗的尺度

C．项目成本预测是企业进行经营决策、实行经济核算的工具

D．工程项目的成本在很大程度上反映着施工企业各个方面活动的经济效果

87．施工项目成本的主要形式：从成本发生时间来划分，施工项目成本可分为（ ）。

A．承包成本　　B．计划成本

C．实际成本　　D．竣工成本

88．按生产费用计入成本的方法来划分，工程项目成本可划分为（ ）形式。

A．计划成本　　B．实际成本

C．直接成本　　D．间接成本

89．为了加强施工项目成本管理，首先必须把基础工作搞好，它是搞好施工项目成本管理的前提。这些基础工作包括（ ）。

A．强化各项责任制度

B．抓好定额和预算管理

C．强化施工项目成本观念

D．重视建立和健全原始记录与统计工作

90．施工项目经理部在项目施工过程中对所发生的各种成本信息，通过有组织、有系统地进行成本预测、（ ）和成本考核等工作，促使施工项目系统内各种要素按照一定的目标运行，使施工项目的实际成本能够控制在预定的计划成本范围内。

A．成本计划　　B．成本分析

C．成本控制　　D．成本核算

参考答案

一、判断题

1～10 ×√××√×√√××

11～20 √××√×√×√×√

21～30 ××√×√×√√√√

31～40 √√××√×√√××

41～50 ×√××√××××√

51～60 √×√√×√√√××

61～70 ×√××√×√√××

71～80 ×√××××√××√

二、单选题

1～10 DCCBBCDCAB

11～20 CCDABDACAD

21～30 DDBADDAADC

31～40 BCDDBDDBAB

41～50 BCCADCDAAC

51～60 BDDDDADAAC

61～70 BAABCCABCD

71～80 CABCDABBAB

81～90 CBDCCCABBD

91～100 BCABBCADBD

101～110 CABCACABBC

111～120 BDBDCCDDCC

121～130 CADAAACBDD

131～140 ACABCDCABC

141～150 BCDCBBCDCA

151～160 ACDACBAABC

161～170 CDBCDDABCD

171～180 DACBBCCDAA

181～190 BCDABBBBAD

三、多选题

1～10 BCD ABCD ABC ABCD ACD ABCD ACD ABC ABCD ABCD

11～20 ABC ABCD ABCD ABD ABCD ACD BCD ABCD ABCD ABCD

21～30 BD ABCD ABCD ABCD ABCD ABCD ABCD ABCD ABCD ABCD

31～40 ABCD ABCD ABCD AB ABCD ABCD ABC ABCD ABC ABC

41～50 ABCD ABC ABCD ABCD AD BC BD ABC ABCD ABCD

51～60 AD AB ABCD AC ABD BCD ABCD AB ABC AD

61～70 BCD ABD ABCD ABCD ABCD AB BCD AB AD ABD

71～80 ABCD ABC ABCD AB ABCD ABCD BCD ABD ABCD CD

81～90 ABCD ACD CD BCD AB ABCD ABC CD ABCD ABCD

参考文献

[1] 林文剑. 质量员专业知识与实务[M]. 北京：中国环境科学出版社，2008.

[2] 中国建设教育协会. 材料员专业管理实务[M]. 北京：中国建筑工业出版社，2007.

[3] 中国建设教育协会. 材料员专业基础知识[M]. 北京：中国建筑工业出版社，2007.

[4] 成虎. 工程项目管理[M]. 北京：高等教育出版社，2004.

[5] 苏振民，周韬. 施工员管理手册[M]. 北京：中国建筑工业出版社，1998.

[6] 廖亚立. 建筑工程安全员培训教材[M]. 北京：中国建材工业出版社，2010.

[7] 杨燕绥. 新劳动法概论[M]. 北京：清华大学出版社，2008.

[8] 李瑜青. 劳动纠纷仲裁与诉讼[M]. 上海：上海社会科学院出版社，2007.